작은교회 내 매뉴얼

김홍양 지음

신교횃불

머리말

인생의 성공을 추구하는
모든 분들에게

    몇 년 간 선풍적 인기를 끈 책이 있습니다. 그 책은 「secret」즉 '비밀'이란 책입니다. 많은 독자가 그 책을 선호한 이유는 무엇일까요? 한마디로 '성공'에 대한 갈망 때문입니다. 나름대로 성공한 사람들이 자신의 경험을 중심으로 강력하게 주장하는 한 가지 사실, 그것은 '당신도 성공할 수 있다'는 외침입니다. 독자들은 성공의 비밀을 그 책에서 찾으려고 했을 것입니다. 그 책은, 인간이 얼마나 위대한 존재인지, 얼마나 대단한 능력을 가지고 있는지, 그래서 살아 있는 동안 모든 성공을 스스로 이룰 수 있다고 강하게 설득합니다. 그러나 그 책에는 정말 중요한 성공의 비밀이 빠져 있습니다. 그 비밀은 예수입니다.

교회 개척을 앞두고 눈물로 기도하는 젊은 목회자들, 최선을 다해 헌신하며 달려왔으나 어려움에 빠졌거나 지쳐 버린 중견의 목회자들, 뛰고 노력한 만큼 그 열매를 맺지 못해 자신을 자책하며 하프타임을 갖는 목회자들, 멋진 성공을 이루고 싶고 스타가 되고 싶은 젊은이들, 사업을 앞에 놓고 작정기도를 드리는 크리스천 벤처가들, 모든 자금을 끌어들여 벌인 사업이 난항을 거듭하고 그로 인하여 절망 가운데 처해 있는 사업가들, 평범한 성공이 아니라 뛰어난 성공을 갈망하는 CEO들, 이 모든 자들에게 필요한 성공의 비밀은 예수입니다. 그러므로 예수와 함께 세상을 살아가는 것은 정말 놀라운 은혜요 축복입니다.

이 책은 성공인생이 신앙인생에서 비롯된다는 사실을 강조합니다. 그래서 신앙인생이 무엇인지, 어떻게 만들어 가는지를 언급합니다. 그리고 성공인생을 위해 성공을 가능케 하는 핵심 요소들을 현미경으로 섬세하게 살펴봅니다. 나아가 기존의 정의와 패러다임을 바꾸도록 도전합니다. 또한 책을 읽어 나가면서 독자 자신의 신앙인생 상태와 성공인생 상태를 파악하고 문제를 발견하도록 구체적인 적용 질문들을 제시했습니다.

크리스천 중에는 신앙인생을 살아가면서도 성공인생을 살지 못하는 자가 많고, 성공인생을 살아가는 것처럼 보이면서도 신앙인생을 제대로 살지 못해 실상은 불행한 자가 되어 버린 경우도 많습니다. 그래서 저는 이런 문제에 봉착한 사람들에게 신앙인생과 성공인생의 내용을 이야기해 주고 더 나아가 살아가는 방법을 구체적으로 제시하고자 글을 쓰게 되었습니다.

교회 개척이나 사업을 앞에 놓고 있는 분, 목회나 사업을 하다 지쳐 어려움에 처한 분, 수고한 만큼 결과를 얻지 못해 방황하고 있는 목회자나 사업가, 그간의 삶을 돌아보고 새롭게 인생의 후반전을 설계하고 싶은 분, 인생의 성공을 추구하는 모든 분들에게 이 책이 큰 도전과 밝은 등대, 그리고 나침판이 되길 기대합니다. 마음의 생각과 깨달음을 잘 다듬지 못하고 그간의 경험과 노하우를 잘 표현하지 못한 부끄러움이 있으나 독자의 따스한 이해를 기대해 봅니다.

먼저, 항상 목회와 배움에 절대적 후원자가 되어 주시는 잠실효성교회 모든 가족들과 일산효성교회, 연곡효성교회, 조선효성교회, 하남효성교회, 오창효성교회, 강동효성교회, 형제자매님들께 깊은 감사를 드리며, 소신껏 가르칠 수 있도록 배려해 주신 순복음대학원대학교 박화석 목사님, 마지막으로 출판의 모든 수고를 아끼지 않으신 선교횃불 김수곤 안수집사님께 이 책을 드립니다.

모든 영광을 하나님께 돌립니다.

할렐루야!

저자 **김홍양**

목 차

머리말 _ 인생의 성공을 추구하는 모든 분들에게 • 3

제1장 설교 이야기

좌우명 • 11
성삼위 일체 하나님의 관심사 • 12
미디안회복 클리닉 • 13
교회론 5원칙 • 14
작은 교회 설교 살리기 3원칙 • 17

제2장 전도 이야기

작은 교회 전도 이야기 • 25
전도란? • 26
전도의 현장 관찰하기 • 31
현대교회의 부흥 이야기 • 35
행동적 목회철학 • 41
전도의 동행자 수칙 • 46
삼각관계 • 53
전도자의 5원칙 • 58
전도의 여섯단계 • 60
개인전도의 준비 • 64
교회전도의 준비 • 65
소그룹전도의 준비 • 74
문서전도의 준비 • 81
물품전도의 준비 • 83
전도대상자 수집 • 86
전도대상자 접촉 • 91
접촉을 위한 전도편지 쓰기 • 96

제3장 **심방 이야기**

　방문심방 ・106

　다른 심방들 ・117

제4장 **성공 이야기**

　인생 ・121

　자신 ・145

　하나님 ・157

　환경 ・183

제5장 **자기강화 이야기**

　자기강화란? ・202

　자기강화 영역들 ・220

　감성영역의 위기1:성품 ・222

　이성영역의 위기 :의사소통 ・230

　감성영역의 위기2:용기 ・245

| 제1장 |
자기강화
이야기

제1장
설교 이야기

좌우명

"교회가 잘 되면 내가 잘 된다."

부족한 나의 좌우명입니다. 왜 이런 좌우명을 갖게 되었을까요? 지금으로부터 30년 전 쯤입니다. 개척교회를 섬기고 있던 나는 그 교회가 세월이 흐름에 따라 점점 교인이 줄고 약해져 가는 것을 보게 되었습니다. 원인은 주의 종의 정죄적 설교에 있었습니다. 성도들은 견디다가 너무 힘들어 결국 평안을 얻고자 교회를 떠나는 것이었습니다. 그 때 갑자기 나에게 여러 가지 직책이 맡겨졌는데, 청년집사와 재정부장이였습니다. 금융업(은행)에서 사회생활을 하고 있던 나는 갑작스럽게 찾아 온 교회중책에 대해 적지 않은 부담을 가졌습니다. 그 중에서 가장 힘든 것은 목회자의 사례비를 마련하는 일이었습니다. 내가 받는 모든 봉급을 다해도 부족했습니다. 할 수 없이 직장에서 격일로 숙직을 하여 목사님 사례비를 만들어 드렸습니다. 몇 달이 지난 토요일, 개척교회 담임목사님은 나에게 말씀하셨습니다.

"김집사, 자네도 이제 떠나도 돼. 그 동안 인내해 줘 참 고마웠어."

목사님의 말씀을 듣고 어머님이 다니시는 성결교회로 옮기게 되었습니다. 나 역시 힘들었나 봅니다. 몇 달이 지난 후 옛 교회를 찾아 갔습니다. 그 자리에 있던 교회는 사라지고 없었습니다. 그 때 나는 처음으로 가장 아픈 눈물을 흘렸습니다.

"나 때문에 교회가 문을 닫다니......"

성삼위 일체 하나님의 관심사

서울신학대학교에서 신학을 공부하면서 중요한 사실을 알았습니다. 죄인을 구원하시기 위한 하나님의 가장 놀라운 계획이 교회를 세우는 것임을. 뿐만 아니라 물과 피를 다 쏟으시면서 십자가를 지심으로 하나님의 교회를 완성하신 분이 예수님이심을. 그리고 지금까지 그 교회를 운영해 가시는 분이 성령이심을 말입니다.

온통 교회에 관심을 갖고 계신 분이 성삼위일체 하나님이신 것입니다. 그러므로 하나님의 관심이 있는 곳에 내 관심을 기울인다면 어찌 내가 잘 되지 않겠습니까!

오래 전 목사님의 허락으로 개척교회를 떠나 하나님의 마음을 아프게 한 나의 죄가 너무도 큼을 날마다 느끼게 되면서 교회개척, 교회자립, 교회성장 등의 관심을 깊게 하였습니다.

1991년 9월, 효성교회에 부임하였습니다. 그리고 날마다 교회가 잘 되는 꿈과 비전만 생각했습니다. 그 때 하나님은 교회개척의 꿈을 현실로 다가오게 하셨습니다. 일산 탄현동에, 경기도 광주에, 하남 천현동에, 충북 오창에, 강동구 성내동에 그리고 조선족을 위한 조선효성 교회를 계속 개척하게 하셨습니다.

이제 이 개척된 교회들을 어떻게 자립하도록 만들 것인가가 큰 숙제요, 기도제목으로 다가왔습니다. 고민하고 연구하다가 개척과 자립의 매뉴얼이 필요하다는 사실을 깨닫고 본질적인 부분과 방법적인 부분을 체계화시켜 나가기 시작했습니다. 그 때 태동한 것이 [미디안회복 클리닉]입니다.

미디안회복 클리닉

모세는 40세에 미디안 광야로 도피해야 했습니다. 그리고 그곳에서 40년간 숨어 목자의 삶을 살았습니다. 그가 80세가 되었을 때 그의 삶은 희망이 없어 보였습니다. 그러나 하나님의 찾아오심으로 그는 제3의 찬란한 사역의 삶을 살게 되었습니다. 미디안에서 회복된 것입니다. 모세의 이 모습은 모든 목회자에게 희망의 패러다임이 됨을 느꼈습니다.

"그렇다. 개척교회나 미자립교회나 소형교회를 목회하다가 지쳤을 때 누구든지 [미디안회복 클리닉]에 와서 힘을 얻고 재충전하여 돌아가 승리의 사역을 할수 있도록 도와주자."

이런 불타는 심정이 생겼습니다.

1차부터 15차까지 진행하면서 많은 시도를 해 보았습니다. 그리고 그 경험들을 모아 [미디안회복 클리닉 작은교회 자립 매뉴얼]을 만들어 가기 시작했습니다. 작은 교회를 목회해 나가는 본질적인 요소와 방법적인 요소를 체계적으로 점검하고 작은 것부터 훈련함으로써 드디어 희망이 보이지 않던 교회들에게서 성령의 역사가 나타나기 시작했습니다.

그렇다면 그 매뉴얼은 무엇일까요?

작은 교회의 자립 성장 매뉴얼은 무엇일까요?

교회론 5원칙

우선 작은 교회이든 큰 교회이든 목회자는 흔들리지 않는 바른 교회론을 정립해야 합니다. 그런 후 그 속에서 자신의 목회자적 위치를 세워야 합니다. 그릇된 교회론을 가진 목회자를 생각해 보십시오. 그 교회는 어느 방향으로 가겠습니까! 교회가 작아도 큰일인데 크다면 얼마나 무섭고 끔찍한 일일까요!

기초적이면서도 절대적인 바른 교회론의 뼈대에는 어떤 요소가 있을까요?

첫째, 오직 **예수**입니다.

예수는 교회 존재의 근원이며 또한 교회의 머리입니다(엡4:15). 예수 없이는 구원도 없고, 그를 믿는 믿음 없이는 교회의 구성원도 될 수 없습니다(행4:12). 오직 예수 안에서 건강한 교회를 세울 수 있습니다. 그러므로 모든 경우에 예수는 기준이며 모범입니다.

둘째, 오직 **성경**입니다.

성경은 하나님의 말씀입니다(딤후3:16). 또한 예수의 설교와 교육의 원천(Text)입니다. 그러므로 성경으로 영혼을 악에서 건지고 죄에서 씻기며 의롭게 양육해야 합니다. 결코 체험이나 경험이 성경보다 우선하는 것은 위험합니다.

셋째, 오직 **소명**입니다.

교회는 부르심을 받은 자들의 모임 자체입니다(벧후1:10). 구원과 사역에 대한 부르심을 받은 자들이 함께 모여 하나님의 나라를 도래케 하는 것입니다. 소명은 오직 하나님의 뜻을 이 땅에 선포하고 이 땅을 구원하기 위해 헌신과 충성을 다짐한 소명의식의 집이요 산입니다.

넷째, 오직 **성령**입니다.

교회의 역동적인 출발은 성령의 강림하심으로부터 시작되었습니다(행2:1~4). 또 다른 보혜사이신 성령은 교회 즉 소명집합체에게 권능을 부어 주셨습니다. 그리하여 사람의 힘만으로는 이룰 수 없는 사역들을 능히 감당할 수 있도록 중보하시고 협력하십니다(롬8:26~27).

다섯째, 오직 **사랑**입니다.

교회는 그리스도의 몸입니다. 몸은 지체로 구성되어 있습니다. 지체간의 가장 중요한 존립에너지는 사랑입니다. 서로 상합하고 연락하며 유기체적으로 역동적인 관계를 맺고 유지시켜 주는 것은 사랑뿐입니다(엡4:16,히10:24~25).

이와 같은 교회론에 근거하여 목회자는 아래와 같이 자신의 위치를 철저히 수립해야 합니다.
① 예수에 대한 깊은 체험과 지속적 동행,
② 성경에 대한 깊은 이해와 시대적 연구 및 적용,
③ 교회의 일꾼으로 부름 받은 자로서의 강한 의식과 열정의 지속적 고취,
④ 깊은 경건과 영성을 통한 성령과의 동행 그리고 교회를 향한 예언적 비전을 얻음,
⑤ 구원 공동체요 사역 공동체인 교회를 하나되게 하는 희생적 사랑과 모범적 사랑, 성품적 사랑을 실천.

대부분 어려운 교회의 원인을 분석해 보면 아쉽게도 환경적 요인보다 목회자의 자질적 요인이 더 많습니다. 목회방법론보다 목회철학의 문제인 것입니다. 교회의 책임자로서 그릇된 철학과 자세를 습관적으로 반복하고 있는 것입니다. 예수와의 인격적인 만남은 오래 전 일이고, 말씀은 언제나 같은 본문 만을 반복하며, 여러 해 동안 계속된 부흥하지 않는 어려운 침체상황으로 낮은 자존

감과 희박한 소명감을 갖고 있고, 성령의 고갈로 기도의 문은 닫혀져 비전은 보이지 않으며, 몇 명 되지 않는 성도들은 삶에 지친 상태에서 서로 간에 불만과 갈등이 심화되어 있어 목회자의 동역자가 되지 못하고 목회자의 문제꺼리만 되어 목회자 조차도 상처 속에 날마다 표류하고 있는 형편입니다. 그러므로 작은 교회 자립 성장 매뉴얼의 가장 중요한 핵심은 목회자의 자질인 것입니다.

교회는 성도가 모인 후 목회자가 청빙되는 것이 일반적 현상은 아닙니다. 대부분은 소명의식을 가진 목회자가 복음의 불모지에 교회를 개척하고 주의 말씀을 외침으로 천하보다 소중한 주의 자녀가 태어나는 것입니다.

그러므로 기초적인 교회론의 다섯가지 요소를 정립하고 이를 토대로 목회자의 자질을 준비한 담임목사나 담임전도사는 작은 교회 자립 성장 매뉴얼의 첫 관문이요 가장 중요한 설교에 눈을 떠야 합니다.

작은 교회 설교 살리기 3원칙-바르게, 잘, 실천하도록

나는 여기서 설교의 종류나 방법론을 말하려는 것이 아닙니다. 목회자마다 자신의 달란트에 따라 맞는 설교의 종류나 방법을 이미 택하여 사용하고 있기 때문입니다. 물론 더 풍성한 열매를 위해 새로운 종류나 방법으로 나아가야 함은 두말 할 나위도 없습니다. 그렇지만 그것은 설교학 영역에서 전문적으로 다루는 것이 더 옳으리라 생각합니다. 단지 나는 이 글에서 작은 교회가 어떻게 설교를 살릴 수 있는지, 경험적으로 볼 때 가장 핵심적인 사항이 무엇인지를 언급하려는 것입니다.

정말 작은 교회에서 설교는 어떻게 해야 할까요?

첫째, 설교는 바르게 해야 합니다.

바르게 해야 한다는 말은 본문에 충실해야 한다는 말입니다. 설교는 내 말을 하는 것이 아닙니다. 하나님의 말씀을 대언하는 것입니다. 즉 성경을 풀어 시대에 맞게 선포하는 것입니다. 그렇다면 개인적 견해나 주장을 절대시 해서는 위험합니다. 철저하게 성경의 내용을 연구하여 그 본문의 의미가 무엇인지를 파악하고 이 시대를 향한 하나님의 의도를 찾아 외쳐야 합니다.

그러므로 우선 성경을 많이 읽어야 합니다. 많이 공부해야 합니다. 많이 외워야 합니다. 많이 묵상해야 합니다. 그렇지 않으면 폭넓은 말씀을 먹을 수도, 먹일 수도 없습니다.

둘째, 설교는 잘 해야 합니다.

잘 해야 한다는 말은 회중이해를 철저히 해야 한다는 말입니다. 말씀을 듣는 자는 회중입니다. 내가 아무리 바른 말씀을 준비했다 하더라도 회중에게 정확히 전달되지 못한다면 그것은 회중을 충분히 이해하지 못한 것입니다. 회중이해란 회중에게 들리게 하는 것을 의미합니다. 회중의 연령, 경험, 수준, 성별, 상황, 감정 등을 이해하고 그들의 눈높이에 맞추어서 그들에게 들려지게 하는 것이 잘 하는 설교입니다.

또한 회중이해란 설교를 함에 있어 강약, 장단, 고저, 속도를 고려하는 것입니다. 회중에 따라 강하게 약하게 목소리의 톤이 조절되어야 합니다. 또한 긴 문장보다는 짧은 문장이 훨씬 좋습니다. 그러나 때로 긴 문장을 사용할 필요가 있을 것입니다. 그 때는 논리적이며 단계적인 서술이 필수적입니다. 더나아가 높은 음으로 외칠 것인가 낮은 음으로 외칠 것인가도 매우 중요합니다. 천편일률적으로 같은 높이의 목소리를 낸다면 감정을 터치할 수 없습니다. 마지막으로 결코 간과할 수 없는 것이 속도입니다. 느릴 때도 있지만 빠를 때도 있어야 하지 않겠습니까!

그렇다면 작은 교회의 설교는 어떻게 하는 것이 좋을까요?

작은 교회는 그 구성원에 있어서 일반적으로 몇 가지의 전제가 있습니다. (물론 꼭 그런 것은 아닐 수도 있다) 인원이 적고, 경제적으로 어려우며, 많은 시간을 일해야 하는 육체적 직업을 갖고 있는 분이 대부분이며, 고학력자나 저명인사, 사회적 성공자, 지명도 높은 자들이 거의 없는 편입니다. 이것은 무엇을 의미할까요? 청중의 공동영역을 설명해 주고 있는 것입니다. 대부분 지쳐 있고 여유가 없으며 절망적 한계상황에 처해 있는 점 등입니다. 그러므로 같은 내용을 설교한다고 할 때 다음의 전달방법은 매우 중요합니다.

a. 작은 목소리보다는 큰 목소리가 더 많은 비중을 차지해야 합니다. 작게 하는 것이 꼭 진지한 것은 아니기 때문입니다.
b. 긴 문장보다는 짧은 문장으로 구성합니다. 간결한 문장에서 의사전달의 효율성이 증대하기 때문입니다.
c. 낮은 목소리보다는 높은 목소리를 더 많이 사용하되 듣기에 부담스럽거나 혐오감을 느끼게 해서는 안됩니다.
d. 느린 것보다는 빠른 것이 효율적이나 못 알아 들을 정도가 되어서는 안됩니다.

셋째, 설교는 적용하고 실천케 해야 합니다.

설교란 하나님으로부터 선택된 자가 하나님의 백성에게 하나님의 방법대로 하나님의 말씀을 대언하는 것입니다. 그러기에 바르게 해야 하고, 잘 해야 합니다. 더 나아가 가장 중요한 요소 중에 하나는 듣는 자로 하여금 삶에 적용하고 실천케 하는 점입니다.

오늘날 설교를 잘 하는 목회자들은 많습니다. 이성적으로 만족할 수 있도록 많은 정보를 전달해 주고 감성적으로 웃고 울며 감동받게 합니다. 그런데 이상한 점은 설교를 들은 사람들이 좀처럼 바뀌지 않는다는 점입니다. 더군다나 작은교회의 회중들은 대체적으로 믿음의 연조가 짧습니다. 그러기에 아무리 잘 하는 설교라 하더라도 그 말씀을 듣고 변화되기는 쉽지 않음이 당연할 수 있습니다. 그렇다면 왜 설교를 잘 했음에도 불구하고 회중들은 변화되지 않는 것일까요? 무엇에 문제가 있는 것일까요?

한마디로 말한다면, 설교에 있어서 삶의 죄를 지적하고 삶의 의를 도전하며 삶의 열매를 맺게하는 선지자적 음성이 강하게 선포되지 않기 때문입니다. 재미보다 높은 깨달음을, 즐거움보다 깊은 충격을, 현세적인 면보다 탈현세적인 넓은 시야를, 육적인 영역보다 영적인 영역을 결단케 하는 의지적 접촉이 심히 적은 것입니다.

그러므로 큰교회는 말할 것도 없고 작은교회를 담임하는 목회자는 설교함에 있어 삶의 변화를 위해 의지적 실천을 가능케하는 구체적인 행동지침과 명령을 세심하게 선지자적 자세로 선포해야 합니다.

최근 한국교회에 큰 반향을 일으키는 설교가들이 있습니다. 사실 재미있는 것도 아니고 짧은 것도 아니고 논리적이거나 철학적인 것도 아니며 대중적인 것도 아닌데 목회자로부터 평신도에 이르기까지 그 말씀을 듣기 위해 몰려듭니다. 설교를 들은 사람들은 자신의 종아리를 스스로 매질하며 이제는 새롭게 살겠다고 결단하며 간증하기도 합니다. 어떻게 이런 일이 가능한 것일까요? 그 이유는, 사람 중심이 아닌, 하나님 중심에서 헌신적으로 진실하게 외치기 때문입니다. 이와 같이 하나님의 뜻안에서 사람에게 감동을 주고 변화 시키는 설교가 작은 교회에서 지속적으로 선포되어질 때 전하는 자나 듣는 자, 나아가 한국교회가 승리하게 될 것입니다.

| 제2장 |
전도
이야기

제2장
전도 이야기

작은 교회 전도 이야기

"법궤를 맨 제사장의 발바닥이 요단 물을 밟고 멈추었을 때 요단강이 갈라졌던 것처럼 전도자가 불신자의 집 대문을 밟고 외칠 때 불신자의 심령이 갈라진다"(여호수아 3L11-17)

작은 교회 자립 성장 매뉴얼의 두번째 관문은 전도입니다.

전도라는 말은 언제 들어도 목회자로 하여금 경직되게 만듭니다. 전도가 권리보다는 의무요 책임으로 다가오기 때문입니다. 이 때문에 전도는 모든 그리스도인이 해야 하지만 대부분 신앙심이 깊은 훈련된 자들이 실천하게 됩니다.

예수 그리스도를 구주로 영접하고 구원을 얻은 모든 성도는 예수를 자랑하고 증거해야 할 소명을 받은 영적인 사명자들입니다.

하물며 목회자는 두말할 나위도 없습니다. 사명자들은 전도에 대한 권리와 특권 그리고 의무와 책임을 동시에 부여 받습니다. 그러므로 전도에 대한 부르심을 받은 사명자는 성도이든 목회자이든 위대합니다.

전도에 실패란 없습니다. 전도는 결과로 논하는 것이 아니라 시작과 과정으로 그 가치를 인정받기 때문입니다. 모든 일의 결과는 하나님의 몫이요 뜻입니다. 오직 그리스도인의 몫은 시작으로부터 진행에 이르는 과정일 뿐입니다.

이것이 오히려 목회자에게 복음이 되고 희망이 됩니다. 전도는 나만의 문제도 우리들만의 문제도 아니요 오직 하나님과 함께 풀어가는 가장 위대한 과제인 것입니다. 일반적으로 전도를 통해 영혼이 결신을 하고 교회에 출석하면 전도자들은 큰 기쁨과 행복을 느낍니다. 반면 열심히 전도하여도 결신의 사건이 일어나지 않을 때 목회자나 전도자들은 크게 낙심하고 좌절하게 됩니다. 그러나 전도에 실패는 없습니다. 전파함으로 이미 성공한 것이기 때문입니다.

그렇다면 먼저 전도를 어떻게 정의할 수 있을까요?

전도란?

첫째, 전도란 전하는 것입니다.

가장 쉬운 전도는 예수 그리스도를 입으로 표현하는 것입니다. 누구를 만나든지 때를 얻든지 못얻든지 "예수님 믿으세요" "예수님, 믿으세요"라고 외치는 것입니다.

스텐리 템([예수는 해답이시다]의 저자)은 하루에 3번 이상 꼭 만나는 사람에게 "예수님, 믿으세요"를 전하는 사업가였습니다. 한번은 자정이 다되어 가는 늦은 시간이었습니다. 일과에 너무 피곤하고 지친 템은 퇴근 후 그냥 잠자리에 들려고 하얀 잠옷으로 갈아 입었습니다. 그런데 너무 바쁜 일로 인하여 자신이 해야 할 3번 이상의 전도를 하지 않음이 마음에 걸려 도저히 잠을 청할 수가 없었습니다. 자정 3분 전 그는 자리에서 일어나 밖으로 나가 도로를 향해 크게 소리쳤습니다.

"예수님 믿으세요, 예수님 믿으세요, 예수님 믿으세요".

그는 3명을 생각하며 3번을 외친 것입니다.

얼마 후 템은 한 교회의 초청을 받아 간증집회를 하게 되었습니다. 자신의 간증이 끝난 후 한 사람이 강단으로 오르더니 자신도 예수님을 믿게 된 놀라운 간증이 있다고 하면서 다음과 같이 말하는 것이 아니겠습니까!

"얼마 전 이었습니다. 나는 매우 늦은 밤 급히 집을 향해 도로를 질주하고 있었죠. 그런데 갑자기 도로 옆에 하얀 옷을 입은 천사가 나타나더니 나를 향해 예수를 믿으라고 3번이나 외치는 것이 아니겠습니까? 나는 너무도 크게 들려오는 그 소리에 놀라 주님을 영접하게 되었습니다. 하나님의 부르심이었습니다. 나는 하나님을 찬양합니다. 할렐루야!"

그렇습니다. 전도는 외치는 것입니다. 세례요한처럼 담대하게 외치는 것입니다. 결과는 성령님께 맡기고 사명감을 갖고 외치는 것입니다.

둘째, 전도란 전하고, 믿게 하는 것입니다.

좀 더 성숙한 전도는 전하되 성령께 의지하여 반드시 불신자로 하여금 예수 그리스도를 자신의 구주로 영접케 하는 것입니다. 그러기 위해서는 구체적이고 체계적인 복음제시 내용과 훈련이 필요합니다.

지식정보화사회가 되면서 사람들의 욕구는 매우 다양화 되었습니다. 이에 발맞추어 현대인의 욕구를 충족시킬 만한 많은 제품들이 생산되었습니다. 그리고 그에 대한 포장과 홍보는 더욱 전문화 되었습니다. 아무리 좋은 제품이라 할지라도 포장이 좋지 않거나 홍보가 되어있지 않으면 그 제품은 판매되지 않음을 보게 됩니다.

이 세상에 인간의 욕구와 문제를 해결해 줄 예수님 보다 더 귀한 제품이나 존재가 어디 있을까요! 그 예수 그리스도를 어떻게 담고 어떻게 알리는가 하는 것은 전도에 있어서 매우 중요한 전문성의 문제입니다.

모든 사람들은 나름대로의 논리와 가치관을 갖고 있습니다. 주관적이든 객관적이든 공통분모를 갖게 마련입니다. 그러므로 예수 그리스도에 대한 복음도 뜨거운 열정만으로 거칠게 외칠 것이 아니라 때로는 부드럽게, 때로는 섬세하게, 때로는 논리적으로, 때로는 감동적으로 전개해야 하는 것이 당연합니다.

가장 기본이 되는 복음제시의 내용을 보면 다음과 같습니다.

복음제시 1 : 천국은 값없이 주시는 하나님의 선물입니다.(엡 2:8)
복음제시 2 : 인간은 죄인입니다.(롬 3:23) 그래서 하나님의 선물을 깨닫지도 받지도 못합니다.
복음제시 3 : 하나님은 공의로우십니다.(롬 34:7) 그래서 죄인인 인간을 벌 하셔야만 합니다. 그러나 또한 하나님은 사랑이십니다.(요일 4:8) 그래서 죄인을 용서하시기를 원하십니다.
복음제시 4 : 하나님은 이 갈등을 예수 그리스도 안에서 해결하셨습니다. 예수 그리스도는 우리의 죄를 위해 죽으시고 다시 살아나셨습니다. 또한 우리의 처소를 예비하기 위하여 하늘로 올리워 가셨습니다. 멀지 않아 세상을 심판하기 위해 이 땅에 다시 오실 것입니다.(롬 4:25, 요 14:2)
복음제시 5 : 오직 예수 그리스도를 믿음으로 구원을 얻을 수 있습니다. 구원을 얻을 만한 다른 이름을 주신 적이 없습니다.(행 4:12)

셋째, 전도란 전하고 믿게 하며 등록시키는 것입니다.
한 단계 더나간 전도는 전하여 결신시킨 후에 교회 공동체에 속하도록 인도하는 것입니다. 예수 그리스도를 믿는 성도는 혼자서 신앙생활을 할 수 없습니다. 왜냐하면 예수 그리스도를 머리로 하는 한 몸의 한 지체 위치에 있기 때문입니다. 서로 연락하고 상합하여 그리스도의 몸을 세워가야 온전한 신앙생활이 되고 성장하며 열매를 맺게 됩니다.

한 동안 교회 밖에 구원이 있다는 주장이 있었습니다. 교회 내에 부패와 타락이 만연하니 오히려 교회 밖이 더 깨끗하다는 전제 하에 외쳐진 말일 것입니다. 그럼에도 불구하고 하나님은 교회를 통해 인류를 구원하십니다. 그러므로 모든 결신자는 교회 공동체에 적(소속)을 두고 한 형제와 자매로 생활하며 온전한 구원, 영원한 구원을 이루어야 합니다.

넷째, 전도란 전하고 믿게 하며 등록시키고 양육하여 세례받게 하는 것입니다.

성경이 많은 곳에서 언급하고 있는 또 다른 전도의 정의는 불신자를 세례 받는데까지 이끌어줘야 한다는 것입니다. 자녀를 출산하면 부모는 그 자녀가 스스로 생활할 수 있을 때까지 지속적인 사랑의 양육을 시작합니다. 마찬가지로 영적 자녀를 출산하면 그가 스스로의 신앙생활에 책임을 질 수 있을 때까지, 자신의 신앙고백이 분명해 질 때까지 지속적으로 돌보아 주어야 합니다. 이때까지를 세례받는 때로 보는 것입니다. 물론 세례를 받은 후에도 돌봄은 계속되어야 합니다.

다섯째, 전도란 전하고, 믿게 하며, 등록시키고, 양육하여 세례 받은 후 훈련하여 다시 재생산케 하는 것입니다.

마지막으로 가장 이상적인 전도의 정의는 재생산, 즉 전도받은 자가 다시 불신자를 전도하는데까지 이르도록 제자화하는 것입니다. 가정마다 족보를 소중히 여깁니다. 대대로 가계는 과거와 현재와 미래가 전통으로 이어집니다. 그러므로 대를 잇는 손자가 태어나는 것은 매우 소중한 일로 여겨집니다. 영적인 계보도 마찬가지입니다. 내가 낳은 영혼이 다른 영혼을 구원함으로 영적 가계의 계보를 이어야 합니다. 세계 모든 민족이 구원을 얻기까지 이 계보는 계속 이어져야 합니다.

전도의 현장 관찰하기

그렇다면 오늘날 전도의 환경은 어떨까요?

전도는 사회와 밀접한 관계를 가지고 있습니다. 전도는 사회를 구성하고 있는 사람들에게 행해지기 때문입니다. 사람들은 사회를 형성하고 살면서 문화를 만듭니다. 결국 전도는 사회 속의 문화를 뚫고 들어가는 복음의 능력입니다. 오늘날 사회 속의 문화는 매우 급속도로 변해가고 있습니다. 그 특징을 아는 것은 곧 효과적인 전도의 전략과 방법을 찾는 지름길이 됩니다.

첫 번째 특징은 **다원화**입니다.

오늘의 시대를 포스트모더니즘(다원주의)시대라고 말합니다.

절대성이 무너지고 상대성이 강조되는 현상을 보이며 상대적인 것도 상황에 따라 절대적인 것이 된다는 액티브 이데올로기입니다. 이 사상과 흐름은 모든 부분과 분야로 확대되었습니다. 종교 부분에서도 오직 예수, 오직 교회라는 말이 통하지 않고 무시당하는 상황이 되었습니다.

불과 15여년 전만 해도 아버지의 말씀이나 선생님의 말씀, 목사님의 말씀은 절대적인 권위를 갖고 있었습니다. 물론 구원의 길로써의 예수나 구원의 방주로써의 교회는 두말할 나위도 없었습니다. 그러나 지금은 다릅니다. 아버지의 권위도, 선생님의 권위도, 목사님의 권위도 땅바닥에 떨어진지 오래입니다. 구원에 있어서도 예수 외에 다른 것을 말하고 교회 대신에 새로운 틀을 언급합니다. 이러한 가치관과 세계관, 종교관과 신앙관을 갖고 있는 현대인에게 어떻게 접근할 수 있을까요? 다원화적 가치관을 갖고 있는 현대인들의 요구에 맞는 복음의 절대성을 어떻게 외칠 수 있을까요?

두 번째 특징은 **전문화**입니다.

농경사회에서는 50년이 지나도 특별한 변화없이 그 문화 속에서 같은 일을 반복했습니다. 그러나 지금은 조석으로 새로운 문화가 만들어지는 급변적 정보사회가 되었습니다. 변화무쌍하고 혼돈스럽기까지 합니다. 어제의 기술이 오늘은 낙후한 기술로 전락하고, 오늘의 기술이 내일을 장담할 수 없습니다. 새로운 기술에

도전하지 않는 기업은 너무도 쉽게 망합니다. 이에 적응하기 위해 모든 것은 세분화 되고 또 전문화 되어 갑니다. 그에 따라 다양한 전문지식을 가진 사회인들이 등장합니다. 그들의 과학적이며 전문적인 지식 앞에서 전통적 복음은 매우 쾌쾌한 냄새를 풍기는 유물처럼 여겨집니다. 과연 이들에게 어떻게 접근할 수 있을까요?

세 번째 특징은 **대상화**입니다.

사회는 이슈에 의해서 형성되고 발전되어 갑니다. 그 이슈가 시대에 따라 점점 변화되어 가고 있는 것입니다. 고대에는 모든 관심이 정복에 있었다면 중세에는 발전에, 현대에 와서는 환경으로 옮겨지고 있습니다. 관심의 이동은 가치관과 문화의 이동입니다. 이제 종교에 대한 생각도 많이 달라져 가고 있습니다. 종교가 사회의 문화를 형성하던 고대, 중세와는 달리 현대는 과학이 문화를 이끌어 가고 있습니다. 우위에 있었던 종교는 그 신비로운 힘을 잃고 그 자리를 과학이 차지했습니다. 이제는 종교와 과학이 자연스럽게 대치되고 때로는 배타적이며 충돌하는 현상마저 보입니다. 이런 때에 어떻게 복음을 전할 수 있을까요?

네 번째 특징은 **대형화**입니다.

문명의 발달은 인간에게 대형화를 꿈꾸게 했습니다. 집도, 차도, 회사도, 유락시설도, 공장도, 백화점, 심지어는 교회도 작은 교회를 멀리하고 대형 교회를 선호합니다. 개척교회나 미자립교회, 소형교회는 이제 위기에 놓여 있습니다. 작은 교회는 빚과 경제적 어려움 및 인력의 부족 등으로 부담을 싫어하는 현대인들에게 애물단지로 전락하고 있습니다. 복음은 인격을 통해 사람에게서 사람으로 전파되어지는 것임에도 불구하고, 스크린화되어 가고 영상화되어 가는 오늘의 대형화는 오히려 인간미를 상실한 군중 속의 고독을 느끼게 합니다. 이와같은 상황 속에서 과연 개인전도는 가능한 것일까요?

다섯 번째 특징은 **물질화**입니다.

경제라고 하는 단어가 유독 부각되는 시대에 우리는 살고 있습니다. IMF(국제통화기금) 시대, 경제 금융 위기 등의 용어는 이제 매우 자연스러운 일상용어가 되었습니다. 경영학의 원리는 이제 영리를 추구하는 기업을 뛰어 넘어 가정에도 자연스럽게 사용되고 심지어는 교회 안에도 목회와 경영의 접목이 일반화 되었습니다.

경제의 도식은 사람의 가치관 속에 모든 것을 돈으로 판단하는 기준을 세워 놓았습니다. 교회도 헌금이 얼마 나오느냐, 교인이 얼마 모이느냐, 몇 평의 교회를 건축했느냐 등 물질적인 관점에서 성공과 부흥을 이야기하는 시대인 것입니다. 이런 때에 성서적이며 본질적인 전도를 어떻게 할 수 있을까요?

여섯 번째 특징은 **다양화**입니다.

같은 일을 해도 이제는 한 가지의 방법만 고수하는 시대는 지났습니다. 목적지를 향해 길을 떠나도 이제는 가는 수단도 도로도 무수히 많아졌습니다. 마찬가지로 같은 영업을 해도, 같은 사업을 해도 전혀 다른 방법으로 자신만의 노하우를 자랑하며 운영합니다. 이제 예수님을 믿고 교회를 다니는 일도 결코 한 가지 방법이나 한 가지 길만을 지키라고 말할 수 없게 된 것입니다. 다양한 욕구(need)를 충족시켜 줄 다양한 내용과 형식, 즉 풍부한 매뉴얼과 메뉴가 요청되고 있는 것입니다. 이런 때에 우리는 어떤 방법으로 어떻게 복음을 전할 수 있을까요?

현대교회의 부흥 이야기

그렇다면 이런 환경 속에서 한국교회가 어떤 방법으로 전도했으며 어떻게 부흥하고 있는지 고찰해 보겠습니다.

최근 한국교회의 부흥은 전도와 관련하여 다음의 6가지 특징을 보이고 있습니다. 이것이 성서적이냐 아니냐의 문제는 연구의 과제로 넘기겠습니다.

첫째, 교회건축 또는 개축(리모델링)과 전도입니다.

한국의 모든 교회는 건축을 꿈꿉니다. 예외도 있지만 대부분의 목회자의 소원도 교회건축입니다. 왜 일까요? 교회건축과 전도 그리고 부흥과는 밀접한 함수관계가 있기 때문입니다. 개척당시 예배당이 준비되어 있는 것과 임대건물이 준비되어 있는 것은 전도에 상당한 영향을 미치는 것이 사실입니다. 물량적이며 세속적이라고 누가 손가락질을 할 수 있겠습니까? 교회건물이 본질적인 요소가 아닌 것은 분명한 사실입니다. 그러나 교회에 나오고자 하는 사람들에게는 보다 좋은 환경이 매우 중요한 선택적 요소입니다. 똑같은 상황에서 자기건물이 있는 교회와 건물에 임대하여 세 들어 있는 교회가 함께 전도를 한다면 그 결과는 아주 명백합니다. 물론 관계 때문에 전도가 되어지지만 최근 관계를 뛰어넘는 것이 하드웨어인 예배당입니다. 그래서 요즘은 공공연히 '건물이 전도한다' 는 말이 나오는 것입니다.

필자는 건물없이 교회를 부흥시킬 수 있다고 외쳤던 목회자 중에 하나입니다. 그러나 어느 단계가 되면서 성도의 이동이 필연적이었습니다. 그 이유는 여러 가지가 있었지만 그 중에 빼놓을 수 없는 것 중의 하나가 예배당의 문제였습니다.

둘째, 평신도 훈련과 전도입니다.

이제 모든 교인들은 더 이상 수동적 존재가 아닙니다. 교회에서 육체적 노동을 중심으로 하는 봉사나 더 나아가 영적 경건과 전쟁을 중심으로 하는 기도와 전도에만 참여하는 존재가 아닙니다. 목회자와 같이 기획하고 가르치며 관리하고 결정하는 영적·정신적 학문적 수준과 능력을 겸비한 존재가 되었습니다. 이제 어떻게 교회의 상황에 맞게 훈련하고 배치하느냐의 문제만 남았습니다. 은사평가와 은사별 배치는 최근 모든 교회의 긴급한 숙제입니다. 각자의 은사와 달란트에 따라 그것을 계발하고 필요한 마당에 참여하여 기쁨으로 교회를 세우며 공동체를 이루어가는 교회가 부흥을 경험하는 것입니다. 심지어 신학대학교에서 정규과정을 배운 목회자 후보생들보다도 더 놀랍게 사회적 경험과 지식을 가지고 많은 사역을 효과적으로 소화해 내고 있는 것이 사실입니다.

셋째, 프로그램의 다양화와 전도입니다.
한국교회의 초기에는 교회가 사회를 주도했습니다. 교육과 문화 등에서 월등히 앞서는 수준을 가지고 있었기 때문입니다. 그러나 오늘날 현대교회는 사회를 인도해 가기는 커녕 쫓아 가지도 못하는 상황에 빠졌습니다. 교육과 문화 그리고 모든 접근방법에서 뒤쳐졌을 뿐 아니라 변화를 따라가지 못하여 오히려 자신만의 세계를 고집하는 종교적 도그마(dogma)로 바리케이트를 치고 안주하려 합니다. 얼마가지 않아 한국교회도 유럽의 교회들처럼 관광상품화 될 것이라고 까지 말합니다.

이런 가운데 많은 사람들의 욕구를 충족하는 백화점식 전도방식이 나타났습니다. 교회 내 어떤 대상이든지 그들의 욕구를 충족할 수 있는 프로그램을 제공하고 그곳에서부터 영적 성장을 이끌어 가는 것입니다. 영유아기에서 노년에 이르기 까지 각자의 연령과 수준에 맞는 다양한 프로그램들을 개설하는 것입니다. 양육을 위해서는 유아교실부터 주부교실 그리고 노인대학까지, 취미를 위해서는 레저스포츠부터 탁구선교회, 축구선교회, 농구선교회,

골프선교회, 뜨개질선교회, 꽃꽂이선교회, 지점토선교회까지, 영성을 위해서는 각종기도회와 성경공부반이 개설되어 영혼을 부르고 있는 것입니다.

넷째, 셀모임과 전도입니다.

한국교회의 급성장에는 구역모임이 있었습니다. 구역모임은 평신도지도자를 세워 기존신자 및 새신자를 관리하는 조직입니다. 일반적으로 구역모임은 예배와 교제로 진행되었습니다. 동시에, 모임이 끝나면 가가호호 방문하거나 거리에서 함께 복음을 전하는 사역으로 이어졌습니다. 그러나 최근에 와서는 모든 교회의 구역모임이 예전과는 전혀 다르게 극심한 침체를 경험하고 있습니다.

그 이유는 여러 가지가 있겠으나 첫째는, 구역 구성원들이 사회활동을 함으로써 함께 모일 수 있는 시간을 만들기 어렵다는 점이고, 둘째는 개인주의화의 물결이 간섭받지 않는 신앙생활을 선호하도록 만들었다는 점이며, 셋째는 구역구성원들의 수준과 다양성에 부응하는 구역장의 리더적 자질에 한계와 능력의 부재가 심화된 점 등입니다. 결국 오늘의 구역모임은 소수의 사람만이 모여 간단한 교제를 하거나 또 한번의 예배 이상의 의미와 기능을 갖지 못하고 있는 형편입니다. 즉 구역모임이 구역활동 속에서 예배 이상의 의미와 특성을 갖는 교제나 전도, 심방이나 구제 등 사역으로 이어지지 않음으로 그 힘을 잃은 것입니다.

이에 대안으로 등장한 것이 셀 운동(Cell movement)입니다. 교회 안에 작은 교회를 세우는 것입니다. 작은 교회란 소그룹을 의미하는데 약간의 차이는 있지만 G-12, L-12, D-12, 열린모임, 목장, 밴드, 가정교회 등으로 표현하며 활성화되고 있습니다. 이 모든 모임의 가장 중요한 특징은 전도입니다. 관계를 중심으로 모임에 영혼을 초대하고 그들에게 구원의 확신 및 양육을 행하여 아름다운 군사로 세워가는 것입니다. 최근 여러 교회들이 전환의 어려움을 극복하고 셀모임의 활성화 형태로 큰 교회성장을 이루고 있습니다.

다섯째, 기도목회와 전도입니다.

기도목회는 왠지 매우 고전적인 느낌이 듭니다. 그러나 이 시대에 기도목회가 부상하는 이유는 국내외적으로 많은 문제들이 나타나고 있기 때문입니다. 사실 성경을 살펴보면 초대교회 뿐만이 아니라 소아시아의 모든 교회들은 말씀과 기도가 공동체 존립의 근본이었으며 사역의 핵심이었고 뿌리였습니다. 오직 기도를 통해서만 하나님과 교통하였고 기도를 통해서만 환난과 고난을 이겼으며 기도를 통해서만 성령의 역사를 경험하고 교회성장을 이루었습니다.

그러나 최근에 와서는 교회의 부흥에 있어서 본질적 요소인 기도보다 프로그램이나 수단과 방법이 더 우위에 오르는 현상을 보이고 있습니다. 어떻게 보면 하나님에게 초점을 맞추는 태도에서 인간에게 초점을 맞추는 태도로 바뀐 것이라 볼 수 있습니다. 목회자가 사람의 지성과 감성과 환경에 초점을 맞추는 길을 우선할 때 즉각적인 반응이 나타나 그것이 교회의 성장에 매우 중요한 요소로 각인되기 시작한 것입니다. 하지만 이런 교회가 참 교회일까요? 이런 교회성장이 하나님께 영광이 될까요?

기도를 통해서 만날 만한 사람을 만나고, 기도를 통해서 할 말을 가르침 받고, 기도를 통해서 영육간에 치료를 받고, 기도를 통해서 하나님의 비전을 받고, 기도를 통해서 교회의 머리되시는 예수님과 함께 사역하는 것이 교회공동체인 것입니다. 결국 교회의 부흥은 인간의 기도에 대한 하나님의 역사인 것입니다.

여섯째, **리더십과 전도입니다.**

최근 가장 많이 등장하는 이슈가 리더십입니다. 조직을 성공적으로 세워가기 위해서는 리더십을 가진 지도자가 세워져야 합니다. 리더십은 영향력입니다. 자신에게 주어진 공동체가 목표하는 곳으로 분열없이 이끌어 가는 힘입니다. 이 리더십은 공동체 구성원 전체에게 전도의 영향을 줍니다.

지금까지 교회가 자립하기 위해 매우 중요한 요소 중 또 하나인 전도의 서론을 언급하였습니다. 작은교회의 목회자는 외로운 전투자입니다. 모든 일을 혼자 싸워 나갑니다. 오직 성령에 의지하여 실족하지 않고 영적 전쟁 즉 복음전파의 사역을 감당합니다.

이 때 고독한 목회자에게 반드시 필요한 네 가지의 실천적 목회철학이 있습니다.

행동적 목회철학

첫째는 다수성의 목회철학입니다.

목회자가 어디서 목회를 하든 어떤 환경과 형편에서 목회를 하든 낚을 고기는 많다고 생각하는 철학입니다.(마태4:19) 주변에 온통 믿는 자들만 있거나 혹 한산한 농어촌 지역임으로 인적이 뜸하다 할지라도 일단 목회자의 철학은 내가 구원할 영혼은 많다고 사고를 넓히고 목회범위를 확대하는 철학이 있어야 합니다. 그렇지 않으면 목회는 축소되고 단순해지며 무의미하게 되고 결국 무기력해져서 다른 목회지를 찾아 해매거나 소명을 잃게 됩니다.

다수성의 철학은 가능성의 철학입니다. 또한 꿈과 비전의 철학입니다. 현재는 아무 것도 없고 보이지 않아도 더 먼 지역을 바라보고 나아가 먼 앞날을 생각하며 끊임없이 계획을 세우는 철학입니다.

최근 여러 지역에서 신도시가 세워지고 있습니다. 오래 전부터 그 지역에 개척되어 있던 교회들이 순식간에 일어나곤 합니다. 그런데 이상한 것은 모든 교회가 다 성장하지는 않더라는 것입니다. 이유가 무엇일까요? 호기 또는 적기가 왔는데 왜 일어나지 못하는 교회가 있는 것일까요? 그 원인은 간단합니다. 오래 전부터 앞날을 내다보고 폭넓게 목회계획을 수립하여 소수의 성도지만 많은 시간을 강한 군사로 훈련시킨 목회자는 그 열매를 풍성하게 보지만, 그렇지 못한 목회자는 지역의 지가상승 및 인플레이션 현상 등으로 궁핍과 빈곤을 벗어나지 못하고 오히려 더 크게 무너지는 것입니다.

목회자에게 큰 기도제목이 있다면 멀리 보고, 높이 보고, 길게 보고, 깊이 보는 시야와 철학입니다. 남이 보지 못하는 것을 보고, 남이 생각지 못하는 것을 생각하며, 남이 참지 못하는 것을 참고, 남이 느끼지 못하는 것을 느껴야 함은 목회자에게 주어진 책임과 의무이자 동시에 하나님이 주신 놀라운 권리요, 특권입니다. 이 특권으로 목회현장을 보면 고기는 넘쳐날 것입니다.

둘째는 다양성의 목회철학입니다.

아무리 고기가 많더라도 만선(滿船)은 그 고기를 어떻게 잡느냐에 달려 있습니다. 누가복음 5장과 요한복음 21장에는 베드로의 만선이야기가 나옵니다. 베드로의 만선은 어떻게 가능했을까요? 베드로에게는 위대한 멘토 예수 그리스도가 있었습니다. 멘토 예수님은 실패한 제자 베드로에게 만선의 방법을 가르쳐 주셨습니다. 내용으로 볼 때는 너무도 간단한 것들이었습니다. 하지만 그것은 베드로의 만선에 매우 중요한 힌트였습니다. 두 가지만 생각해 보겠습니다.

"깊은데로 가서 그물을 내려 고기를 잡으라"(눅5:4) 다양한 방법은 깊은 생각과 연구에서 나옵니다. 교회 및 영혼에 대한 상황, 시기, 환경, 형편, 절기, 욕구 등을 깊이 묵상할 때 이 모든 것을 해결하고 일으킬 수 있는 대안이 나옵니다. 가만히 앉아 기다리거나 즉흥적인 발상으로 기발한 대안이나 해답을 찾을 수는 없습니다.

"그물을 배 오른편에 던지라 그리하면 잡으리라"(요21:6) 다양한 방법은 올바른 선택과 방향에서 나옵니다. 성공 목회를 외치는 무수한 방법들이 쏟아져 나오고 있습니다. 무엇을 선택할 것인가, 또 어느 방향을 지향할 것인가는 목회의 성패를 좌우하는 것입니다.

셋째는 **전문성의 목회철학입니다.**

과거에 우리 조상은 농경사회를 형성하고 살았습니다. 다양함보다는 연합함이 생존의 중요한 점으로 언급되었습니다. 그러므로 기술보다 성품이 강조되었고 진실과 성실이 매우 중요한 성공의 요소가 되었습니다. 그러나 현대는 다릅니다. 산업사회가 되었고 서비스사회가 되었습니다. 연합함 이상으로 개성을 강조하는 다양함이 요구되었고 다양성 속에 연합성을 주장하게 되었습니다.

개성을 강조하는 다양함은 취미를 넘어 전문적 위치를 형성해 가고 있습니다. 의술에도 전문의, 교육에도 전문가, 경제에도 전문인, 운동에도 프로선수 등이 나타나게 되었습니다.

이제 목회도 선배들의 전통을 답습하는 시대는 지났습니다. 목회의 많은 영역에서 자신의 달란트가 잘 나타나는 영역을 전문적으로 개발하고 표현하는 목회 전문사역가 시대가 열린 것입니다.

설교목회, 기도목회, 찬양목회, 전도목회, 셀목회, 은사목회, 노인목회, 복지목회, 평신도목회, 팀목회, 특수사역목회 등 많은 영역들이 전문적으로 펼쳐지고 있습니다. 다양해지고 전문화되어진 영혼들에게 다양하고 전문성이 강조된 목회를 제공함으로써 교회는 크고 작음을 떠나 그 존립목적을 이루게 될 것입니다. 물론 이 모든 영역의 한 부분만을 전적으로 시행하는 것은 아닙니다. 모든 것을 병행하되 그 안에 중심적이고 중추적인 핵심사역을 세워 다른 사역들과 연합하고 조화를 이루어 가는 것입니다.

넷째는 **변화성의 목회철학입니다.**

자연은 계절에 따라 옷을 갈아 입습니다. 봄에는 파릇파릇한 옷과 노랗고 빨간 옷을 입고, 여름에는 초록의 옷을 입으며, 가을에는 화려한 채색의 단풍옷을 입고, 겨울에는 흰 옷을 입습니다. 사람들도 계절에 따라 패션을 달리 합니다.

교회는 어떨까요? 절기에 따라 옷을 갈아 입는지요? 10년이 가도 페인트 한번 바꾸지 않고 심지어 교회간판의 글자 하나가 떨어져도 보완하지 않는 교회가 많습니다. 변화는 고사하고 무관심이 팽배합니다. 나도 관심 갖지 않는 교회에 누가 관심을 갖겠습니까?

그렇다고 교회가 유행에 민감하라는 뜻은 아닙니다. 교회는 신앙의 전통과 예선의 전통을 소중히 여기는 곳입니다. 그러므로 모든 전통을 바꿔 버리는 큰 변화는 혼란을 부릅니다. 따라서 점진적이며 단계적으로 새로워져야 합니다. 나아가 본질은 성서와 전통을 따르되 형식은 지속적인 변화에 참여하여야 하는 것입니다.

세상은 다양하게 변화하고 있습니다. 그 변화 속에 구원받아야 할 많은 영혼들이 적응해 살아가고 있습니다. 이 영혼들이 교회 안에 들어와 영생의 기쁨을 경험하게 하려면 교회도 변화되어야 합니다. 절기마다 그 특성에 맞는 변화를 시도해야 합니다.

교회의 성장과 부흥은 하나님의 뜻이요 목회자의 소망입니다. 이를 가능케 하기 위해 목회자는 목회철학을 가지고 주어진 목회 환경을 읽어야 합니다. 특히 개척교회, 미자립교회, 소형교회는 자립을 위해 더 구체적으로 현장을 파악하고 정복해 나아가야 합니다.

혼자만의 문제가 아닙니다. 모든 사역자들의 공동의 문제요 아픔입니다. 그러므로 이제는 작은교회 목회자들이 모든 것을 함께 공유하면서 풀어가야 합니다.

목회의 네트워크는 필수적입니다. 교파와 교단을 뛰어넘어 함께 교회를 세우기 위해 연합해야 합니다. 예배를 위한 설교준비도 소그룹 모임을 통해 함께 나누고, 성도의 양육을 위해 교재를 만드는데도 함께 커리큐럼을 고민해야 하며, 전도도 연대적이며 연계적인 방법으로 체계화하여 단계적으로 지역사회에 전개해 나아가야 할 것입니다.

전도의 동행자 수칙

전도는 혼자하는 것이 아닙니다. 전도는 같이 하는 것입니다. 먼저는 성령과 같이 하는 것이고 다음은 동역자와 함께 하는 것입니다. 동역자와 함께 짝을 이루어 현장으로 나아갈 때 효과적인 전도를 위해 반드시 지켜야 할 "동행자 수칙 네 가지"가 있습니다. 이것을 이해하고 훈련하면 사단의 훼방을 물리칠 수 있고 풍성한 추수를 거둘 수 있습니다.

첫째는, 방해 요소를 제거하는 것입니다.

불신자 또는 태신자의 가정에 찾아갔을 때 복음을 제시하려다 보면 – 방해 요소라고 말하기는 미안하지만 – 하나님의 임재와 역사를 훼방하는 요소들이 등장합니다. 전화가 온다든지, 아기가 운다든지, 우리를 대접한다고 커피를 끓인다든지 하는 것 등입니다. 그러므로 전도대상자의 가정에 들어갔을 때 전화상태를 확인한다든지, 아기를 안아서 조용한 장소로 데리고 이동한다든지, 물 끓이는 불을 끄고 경건한 분위기를 만드는 것은 매우 중요한 일입니다. 경우에 따라서는 파수꾼을 세워 초인종이 울린다든지 손님 또는 외판원이 방문했을 때 잘 말씀드려 기다리게 하거나 돌려보내는 것도 절대적으로 중요합니다. 간혹 불신자나 태신자가 복음을 듣다가 은혜를 받아 많은 눈물을 흘릴 때가 있습니다. 그 때도 휴지를 찾아 다니는 것은 곤란합니다. 수건을 준비하고 있다가 조용히 내어 밀어 건네주면 모르되 어떤 부산한 행동을 한다면 그것은 복음제시에 방해가 되며 성령의 임재와 역사를 제어하는 역할을 합니다. 복음제시는 영혼을 구원하는 매우 고귀한 하나님의 음성이요, 섬세한 도구입니다. 그러므로 사단은 이것이 온전히 전파되지 못하도록 하기위해 너무도 자연스러운 사건들을 유발시켜 방해해 옵니다. 이 사단의 전략을 미연에 방지하고 구원의 역사가 펼쳐질 수 있도록 하는 것이 방해요소를 제거하는 것입니다.

복음제시 때에 방해요소를 제거하면 놀라운 일들이 많이 나타납니다. 예를 들면, 많은 사람들이 감격하고 통곡하며 질병에서 놓임을 받고 진로의 인도를 받으며 문제의 해답을 찾는 깊은 체험을 하는 것 등입니다. "하나님이 우리 가정에 임하셨다, 하나님이 나의 삶에 고통을 아셨다," "하나님께서 나를 찾아와 말씀하셨다" 등 은혜의 고백이 넘쳐 납니다. 방해요소를 제거하는 것은 하나님의 임재와 은혜의 깊은 곳으로 들어가는 중요한 열쇠인 것입니다.

둘째는, **기도로 동역하는 것입니다.**

간혹 전도를 나갈 때 나이드신 분들과 짝을 이룰 경우가 있습니다. 그 때 그 분들은 여러 가정을 방문하다보니 피곤함을 느낍니다. 더 나아가 방문하는 가정에서 듣는 내용이 준비되고 암기된 복음제시임으로 반복하여 듣게 되다보니 긴장이 풀려 잠이 쏟아지는 경우가 대부분입니다. 또 더러는 점심식사를 하고 계속 오후 축호전도를 하다보니 식곤증을 느껴 조는 경우가 있습니다. 이 때

몰려오는 졸음을 쫓지 못하면 오히려 동행자는 복음을 전하는데 상당한 장애물이 되곤 합니다.

전도대상자는 전도자의 음성에 귀를 기울려 집중하는 경우가 많지 않습니다. 억지로 듣는 경우도 많습니다. 그 때 동행자가 앞에서 졸고 있으면 전도대상자는 그 사람을 바라보면서 다른 생각들을 하게 됩니다. "아니, 왜 여기까지 와서 졸고 그래", "자신도 중요하게 여기지 않는 일을 왜 나에게 강요하는 거야" 등 전도대상자는 거부할 실마리를 제공받게 됩니다. 그러므로 동역자가 반드시 지켜야 할 것은 눈을 뜨고 속으로 힘있게 중보기도하는 것입니다. 복음을 듣는 자가 마음 문을 열고 주님을 영접하도록 간절히 간구하는 것입니다. 사단의 훼방을 뚫고 성령의 인치심이 이루어지도록 강력한 기도를 드리는 것입니다. 결국 육체의 나약함을 극복하면 영혼의 구원함이 성취되는 것입니다. 동역자가 기도할 때에 주의해야 할 사항은 기도소리를 내거나 입을 움직이지 않는 것입니다. 이는 전도대상자로 하여금 혐오감을 느끼게 할 수 있기 때문입니다.

셋째는, 적극적인 반응을 보이는 것입니다.

효과적인 전도를 위해 함께 나가는 전도 동행자가 반드시 지켜야 할 수칙의 세 번째는, 적극적이고 긍정적인 반응을 보이는 것입니다. 일반적으로 한 사람은 복음제시를 담당하고 다른 한 사람은 보조석 역할을 담당합니다. 그 때 복음제시를 담당한 사람은 전도대상자가 이해하고 반응을 보일 때까지 예의를 갖추어 차근차근 설명해 나갑니다. 들으려 하는 경우보다 부담을 갖고 피하려 하는 경우가 더 많기 때문에 매우 조심스럽게 그러면서도 권세있게 말을 해야 합니다. 그 때 분위기를 고조시키기 위해 동행자는 적극적인 반응으로 협력해야 합니다. 예를 든다면, 고개를 끄덕거린다든지, "예", "그럼요"라든지 긍정적인 표현을 사용하면서 맞장구를 쳐주어야 합니다. 물론 지나친 바람잡음은 역효과를 초래할 수도 있습니다. 그러므로 상황에 따라 지혜로운 응수가 필요합니다.

간혹 재래시장에 나가보면 옷가지를 파는 사람들이 "골라, 골라"하면서 호객행위를 합니다. 그 때 한 사람이 다가와 물건을 고르려 하면 같은 장사꾼들이 손님으로 가장하여 물건을 뒤적거리며 고르는 흉내를 하고 사는 흉내를 합니다. 이들을 보통 바람잡이라고 합니다. 그 바람잡이 덕분에 물건이 의외로 잘 팔리는 것을 봅니다. 전도에도 지혜로운 바람잡이가 필요한 것입니다.

그러나 특히 적극적인 반응을 표현할 때 주의할 사항이 몇 가지 있습니다. 먼저는 전문적인 용어나 종교적인 용어를 사용하지 말아야 합니다. "아멘"이라든가, "주여"라든가, "할렐루야"라든가, "믿습니다"라든가, 박수를 친다든가, 너무 큰 소리로 웃는다든가, 이상한 소리를 내는 것입니다. 믿는 자들 사이에서는 매우 은혜로운 표현들이지만 불신자들 사이에서는 매우 거부감이 느껴지는 표현일 수 있습니다.

다음으로 조심할 것은 대화 중에 내용을 보충하려고 끼어들어서는 안됩니다. 복음을 제시하는 자가 설명을 조금 부족하게 또는 답답하게 할지라도 참아야 합니다. 갑자기 말을 끊고 끼어들어 "그게 아니구요, 사실은 이래요"라는 식으로 말을 하거나 또 길게 말을 해 버리고 다른 내용을 추가로 늘여놓으면 전도대상자는 맥을 잃어버릴 수도 있고 실증을 느낄 수도 있는 것입니다. 그러므로 한번 전도 대화가 시작되면 동행자는 모든 것을 메신저에게 맡기고 속으로 기도하면서 간단하면서도 밝게 긍정적인 반응을 적극적으로 보여주면 되는 것입니다.

한번은 연세가 드신 권사님과 함께 전도를 나간 적이 있습니다. 100 가정에 초인종을 누르면 둘 또는 세 집이 문을 여는데 그 중 한 사람의 집에 들어가게 되었습니다. 얼마나 기쁘고 감사한지...... 그러면서도 긴장을 늦추지 않고 예의바르면서도 섬세하게 접촉점을 찾아 말씀을 전개해 나갔습니다. 방문한 전도대상자에게는 건강의 문제가 있었습니다. 치유를 접촉점으로 삼고 열심히 믿음과 치유의 관계를 설명해 나갔습니다. 한참 무르익어갈 때 나는 은혜로운 간증을 시작하였습니다. "한 아주머니가 예수 그리스도를 영접하고 신앙생활을 잘 하면서 신유의 축복을 받아 요즘은 매우 건강하고 화목한 가정생활 및 직장생활을 하고 있다"는 내용이었습니다. 그 때 동행하신 권사님이 갑자기 "목사님, 그 분 어제 몸이 안 좋아 병원에 입원했어요."라고 말하는 것이 아닙니까! 아, 순산 분위기는 싸늘해 졌고 나는 심히 당황하여 말을 버벅거렸던 기억이 납니다.

건강했던 사람이 병원에 입원하는 일은 흔히 있을 수 있는 일입니다. 그러나 복음을 전하고 있을 때 그것도 긍정적으로 예를 들고 있을 때 권사님의 엉뚱한 말씀이 전도에 큰 방해가 되었음은 분명한 사실입니다. 권사님은 전도대상자 앞에서 고개를 끄덕거리고 그 집에서 나왔을 때 자세히 이야기함으로써 덕을 세웠으면 좋았을 것입니다.

전도는 영혼을 구원하는 일입니다. 그러므로 열매있는 사역이 되어야 합니다. 혼자라도 해야 하는 부득불한 일입니다. 그러나 동역자와 함께 한다면 그 사역은 더 아름다운 과정과 결과를 낳을 것입니다. 베드로와 요한, 바나바와 바울, 바울과 실라, 바울과 디모데의 동역을 생각해 보십시오. 얼마나 아름답습니까! 동역자가 복음을 전할 때 영적 바람을 잡아준다면 그 사역은 매우 신나는 영적 싸움이 될 것입니다.

넷째는, **웃음을 잃지 않는 것입니다.**

웃음은 인간에게 주어진 하나님의 최고의 선물입니다. 웃음으로 모든 것이 해소되고 화해되며 맺어집니다. 웃는 얼굴에 침 못 뱉는다는 말이 있듯이 웃음은 만병통치약이기도 합니다. 전도를 하는데도 이 웃음은 절대적 가치를 갖습니다. 처음 만나는 사람에게 웃음으로 문을 열고 대화를 열며 관계를 맺고 다음을 기약하는 것입니다. 전도대상자를 만나 복음을 제시하다 보면 답답하거나 짜증이 나는 경우가 자주 있습니다. 그 때 감정적인 태도를 취하거나 신경질적으로 대처하면 결과는 뻔합니다. 특히 논쟁이 되는 경우가 있는데 진리를 고수하고 바르게 가르치기 위해 목소리를 높이다 보면 본의 아니게 신경이 곤두서고 짜증이 나며 얼굴을 붉히게 됩니다. 웃는 것은 고사하고 혈기섞인 목소리로 흥분하는 상황이 벌어지곤 합니다. 그 어떤 경우에도 이성을 잃어서는 안됩니다. 또한 감정이 동요되어서도 안됩니다. 웃음을 잃지 않고 너그러운 모습으로 응대하며 논쟁은 다음으로 미루고 들어갈 때와 진행할 때와 나올 때에 모두 웃음으로 마주해야 합니다. 언제나 역사는 단번에 이루어지지 않습니다. 여러번 반복해서 만날 때 가능한 것입니다. 그러므로 나중의 만남을 생각하고 그 영혼을 긍휼히 여겨 평정심을 잃지 말고 밝은 미소로 인격을 나타내야 합니다.

분명 웃음은 놀라운 힘을 가지고 있습니다. 닫혀있는 마음을 열게 하고 통증을 사라지게 합니다. 이해단절의 장벽을 뛰어넘게도 합니다. 낯선 사람을 만났을 때 가장 중요한 것은 무엇일까요? 그것은 밝게 웃는 얼굴입니다. 웃는 얼굴을 싫어하는 사람은 흔치 않습니다. 특별한 상황에 처해 있거나 마음에 큰 아픔이 있지 않고는 모두 웃는 얼굴을 좋아합니다. 그러하기에 전도대상자와의 첫 대면은 웃음이 최고입니다. 긴장된 얼굴과 날카로운 목소리, 부담스러운 내용은 전도대상자에게 큰 괴로움을 줍니다. 이를 뛰어넘게 하는 것이 웃음입니다. 아니 웃음이라기 보다는 미소가 더 맞는 표현일 것입니다.

필자가 여러 해 동안 은행에 근무한 적이 있습니다. 그 때 지점에 출근하면 아침마다 훈련하면서 실천한 인사가 있습니다. "안녕하세요?, 어서 오세요, 감사합니다. 또 오십시오, 안녕히 가십시오."입니다. 이 인사를 할 때는 치아 중 약 열 여섯개의 이가 보여야 하며 허리는 90도로 굽혀야 합니다. 잇몸이 들어나는 것도 조심해야 합니다. 5년 이상 이 인사를 실천하다보니 누구를 만나든지 밝게 미소짓는 얼굴이 자연스럽게 표현되었습니다.

앞에서도 언급했지만 전도대상자와 이야기를 나누는 과정에서 마음이 상할 때가 얼마나 많은지 모릅니다. 더 나아가 전도가 결실을 맺지 못하고 변론과 대립 속에서 진행되다가 결국은 그냥 돌아서 나와야 할 때도 비일비재합니다. 그 때도 미소를 잃어서는 안됩니다. 내일을 위해 처음이나 나중이나 언제든지 미소를 유지해야 하는 것입니다.

삼각관계

전도는 관계입니다.

모든 일에는 보이지 않는 관계가 형성되어 있습니다. 그 관계를 잘 살피고 유지하며 발전시킬 때 일은 보다 더 아름답게 성취되어 갑니다. 전도에도 관계가 있는데 이를 '전도의 삼각관계'라고 합니다. 전도는 먼저 전도의 주체이신 하나님과 전도의 도구인 전도자와 전도의 객체인 대상자가 함께 만나 펼치는 창조적인 일입니다. 이 '전도의 삼각관계'를 잘 이해할 때 전도는 보다 능력있게 펼쳐질 수 있고 풍성하게 열매 맺을 수 있습니다.

제1각 | 전도의 주체이신 하나님

전도의 삼각관계에서 제1각은 하나님이십니다. 하나님은 전도의 주체이십니다. 모든 전도는 하나님이 하십니다. 하나님은 성령을 통해서 죄인을 회개시키고 새롭게 하여 자녀를 삼으십니다. 성령 하나님은 전도의 도구인 전도자를 부르시고 복음과 은사를 주셔서 불신자 영혼에게 접근하게 하시고 담대히 외치게 하십니다. 또한 다양한 방법으로 이적과 기사가 나타나도록 역사하십니다. 전도자가 누구에게 가야 할지, 언제 가야 할지, 어디로 가야 할지, 무엇을 말하여야 할지, 어떻게 말하여야 할지를 가르쳐 주시고 환경까지 조성하여 주셔서 결실되게 하십니다.

또한 전도의 주체이신 하나님은 전도의 도구인 전도자에게만 역사하시는 분이 아니십니다. 전도의 객체인 전도대상자에게도 다양하게 역사하십니다. 우선 전도대상자의 마음을 움직이십니다. 그리고 지성으로 깨닫게 하시며 중심으로 회개하게 하시고 예수를 주로 시인케 하십니다. 전인격적으로 반응하도록 영적인 눈을 열어 보게 하시고 귀를 열어 듣게 하시고 마음을 열어 깨닫게 하십니다. 그러므로 전도자는 전도를 할 때 성령 하나님을 항상 의지해야 합니다. 순간순간 찾고 묻고 그의 인도하심에 순종해야 합니다.

제2각 | 전도의 도구인 전도자

전도의 삼각관계에서 제2각은 전도자입니다. 전도자는 전도의 도구입니다. 모든 전도는 하나님이 전도자를 불러 세우시고 진행하십니다. 그러므로 전도자는 자신의 능력으로 전도하는 것이 아니라 하나님의 원하시는 대로 실천해야 합니다. 가고 싶은 곳을 가는 것이 아닙니다. 가야 할 곳에 가야 하며 보내시는 곳에 가야 합니다. 하고 싶은 말을 하는 것이 아닙니다. 해야 할 말을 해야 하며 주시는 말씀을 해야 합니다. 만나고 싶은 사람을 찾아가는 것이 아닙니다. 만나야 할 사람을 찾아가야 하며 성령이 지시하는 자에게 찾아가야 합니다. 빌립은 주의 영인 성령이 지시하는 대로 광야로 나아갔습니다. 자기가 대하기 편한 사람을 만난 것이 아니라 부담스러운 이방인이요 높은 직위를 가진 에디오피아 간다게 내시를 만나 마차로 나아갔던 것입니다. 하고 싶은 말을 하지 않고 읽고 있는 성경을 중심으로 예수를 전파하였습니다.

그러므로 전도자는 전도하러 나갈 때 먼저 하나님께 간절히 기도해야 합니다.

"주여, 만날 만한 자를 만나게 도와 주시옵소서." "주여, 할 말을 가르쳐 주시옵소서."

어디로 가서 누구를 만나며 그에게 어떤 말을 해야 할지 성령께 물음으로 성령의 뜻에 따라 성령충만함으로 복음을 전하는 것입니다.

이후 전도자에게 중요한 또 하나의 요소가 있습니다. 그것은 대상자에게 효과적으로 복음을 전하기 위한 방법을 준비, 훈련하는 것입니다. 아무렇게나, 거칠게, 두서없이, 무례하게 전하는 것은 결단을 막으며 말씀의 감동 효과를 반감시킵니다. 그러므로 복음 제시 내용을 철저히 준비하고 전개하는 방법도 단계적으로 잘 다듬어 상대방인 전도대상자가 평안히 접할 수 있도록 해야 합니다. 세상에서 영업사원이 작은 물건을 하나 팔려고 해도 많은 체계적인 방법을 연습하고 훈련하여 사용합니다. 하물며 '영생' 또는 '천국'이라는 최고의 상품을 파는 전도자가 아무런 준비없이 성령 하나님만을 의지하고 막무가내로 행동한다면 오히려 성령을 훼방하는 역할을 할 수도 있는 것입니다. 예수님께서 12제자를 3년 동안 훈련시키신 이유도 보다 효과적으로 천국복음을 전파하도록 하기 위함이었습니다.

제3각 | 전도의 객체인 대상자

전도의 삼각관계에서 제3각은 대상자입니다. 대상자는 전도의 객체입니다. 모든 전도는 대상자를 구원하기 위하여 행해집니다. 전도대상자는 불신자입니다. 당연히 마음의 문을 닫고 있습니다. 그러므로 하나님의 역사하심이 필요합니다. 전도자에게는 하나님의 간섭하심을 믿고 대상자를 결신시키기 위한 인간적이며 인격적인 기술이 필요합니다.

불신자는 신앙적인 측면보다 관계적인 측면에 더 가까운 존재입니다. 신앙적인 측면은 거부감을 보일 수도 있지만 관계적인 측면은 오히려 쉽게 마음을 열고 대화의 장으로 들어올 수 있습니다. 그러므로 그들의 일반생활을 중심으로 대화를 나누고 교제를 해야 합니다. 특히 설문을 통해서 그들의 문제가 무엇인지를 간파하는 것은 매우 중요합니다.

설문지를 통해서 대상자의 상황을 파악하는 방법에는 다음의 방법들이 효과적입니다.

①종교실태 파악설문지
②건강상태 파악설문지
③행복지수 파악설문지
④자녀교육 파악설문지
⑤경제회복 파악설문지 등을 10문항 중심으로 만들어 접촉하고 한 문항씩 질문하면서 대상자의 인적사항 및 근황을 알아갑니다. 그 후 해답과 대안을 마련하여 어떻게 이야기를 풀어갈 것인가, 대상자에게 회복의 희망을 '어떻게', '언제' 제시할 것인가 고민하고 연구해야 합니다.

결론적으로 모든 전도자는 다음의 다섯 가지 원칙을 가지고 대상자를 대하여야 합니다.

전도자의 5원칙

첫째, **"가라"**입니다.

전도자는 때를 얻든지 못얻든지 대상자를 향하여 나아가야 합니다. 불신자가 전도자를 향해 다가올 확률은 거의 없습니다. 그러므로 대상자를 수집하고 세밀히 파악하여 무조건 찾아가야 합니다. 대부분은 환영받지 못함을 알면서도 예수 그리스도께서 베푸신 구원의 은혜에 빚진 자로서 그 은혜를 갚기 위해 불신자를 향해 달려가야 하는 것입니다.

둘째, **"주라"**입니다.

불신자를 향해 갔으면 그에게 무엇인가를 주어야 합니다. 사랑을 주고, 웃음을 주고, 칭찬을 주고, 마음을 주고, 선물을 주어야 합니다. 말로만 하지 말고 구체적이며 따스한 정성을 주어야 합니다. 요즘은 많은 사람들이 받는 것도 부담스러워 하는 것이 사실입니다. 그러하기에 주면서도 자존심을 건들지 말고 인격적으로 평안히 받을 수 있도록 지혜롭게 표현해야 합니다.

셋째, **"하라"**입니다.

불신자에게 언제까지나 세상적이고 인간적인 내용만을 전할 수는 없습니다. 결국에는 목적으로 돌아가야 합니다. 그것은 복음입니다. 그러므로 복음을 제시해야 합니다. 가볍게는 개인간증이나 교회간증을 하고, 깊게는 예수 그리스도의 복음을 구체적으로 전하는 것입니다. 하나님의 말씀을 암송해서 강력하게 성령의 도우심을 받아 선포해야 합니다. 많은 철학적 이야기, 달콤한 세상의 성공비결, 시대적 이슈 등을 나누는 것으로는 영혼을 변화시키지 못합니다.

넷째, "오라"입니다.
모든 영혼이 다 복음을 받아 들이는 것은 아닙니다. 오직 준비된 영혼, 하나님이 선택하여 부르신 영혼이 돌아옵니다. 그들은 성령의 역사하심 속에서 결신하고 예수 그리스도를 영접합니다. 이제 그들은 주 안에서 다시 태어난 것입니다. 그들을 세상에 방치해 둘 수는 없습니다. 그들의 정상적인 성장을 위해서 가정 안으로 데려와야 합니다. 구원 받은 영혼의 가정은 교회입니다. 교회 공동체 속으로 그들을 데려오지 않으면 그들은 영적 영아와 같기 때문에 스스로 교회로 향하지 않습니다. 그러므로 전도자는 대상자를 매번 교통수단을 이용해 동행함으로써 그 영혼을 이끌어야 합니다.

다섯째, "보라"입니다.
더 나아가 가장 중요한 마지막 원칙은 그 영혼을 세례받을 때까지 지켜 보는 것입니다. 10개월간 태중에 품고 있던 자식을 출산 후 방치하는 부모는 없습니다. 젖을 먹이고 기저귀를 갈아주고 잠을 재워주고 아주 조심스럽게 돌보아 줍니다. 이런 과정을 통해 자녀는 사랑을 체험하고 배우게 됩니다. 전도자도 대상자가 성숙하여 스스로 신앙생활을 잘 할 수 있을 때까지 지켜 보며 양육해야 합니다.

전도의 여섯단계

그럼 전도를 실천하기 위해 전과정을 좀 더 구체적으로 다루어 보겠습니다. 개척교회가 자립하기 위해 전도목회를 하는데 있어서 가장 중요한 전도는 여섯단계로 구체화 할 수 있습니다. 전도의 여섯단계란 첫째 서론 단계, 둘째 준비론 단계, 셋째 수집론 단계, 넷째 접촉론 단계, 다섯째 전개론 단계, 여섯째 등록론 단계를 말합니다.

효과적인 전도는 단회성으로 끝나는 것이 아니라 연속성을 가져야 합니다. 그래서 전도의 행사화가 아니라 전도의 생활화가 되어야 합니다. 많은 경우에 전도를 행사화하는 교회가 많습니다. 그나마 전도를 하지 않는 교회에 비하면 정말 다행스러운 일이지만 행사화를 통해서는 자립도 성장도 쉽지 않습니다. 주님이 제자를 훈련시키시고 파송하신 것은 행사가 아닙니다. 그것은 지속적인 생활이요 삶이었음으로 "사람을 낚는 어부"(마4:19)가 되리라고 선포하신 것입니다. 주님의 지상명령은 지금도 교회를 향하여 유효함은 두말할 필요가 없습니다. 그러므로 특히 개척교회나 미자립교회나 작은 교회는 전도를 생활화하는 성도를 세워야 합니다. 이 때 필요한 것이 전도의 여섯단계인 것입니다.

서론 단계

먼저 전도의 첫단계인 서론은 '전도의 중요성'과 '전도의 삼각관계'를 가르치는 것입니다. '전도의 삼각관계' 는 앞에서 자세히 다루었음으로 생략하고, '전도의 중요성' 을 살펴보겠습니다.

'전도의 중요성'은 전도를 왜 해야 하는가를 네 가지로 가르쳐 그 필요성을 확신케 하는 것입니다. 전도를 해야 하는 이유는 ①하나님의 입장 ②전도자의 입장 ③전도대상자의 입장 ④사단의 입장에서 설명할 수 있습니다.

하나님의 입장에서 볼 때, 많은 이유가 있지만 하나님은 전도의 미련한 것으로 사람들이 구원을 얻는 것을 기뻐하시기 때문입니다.(고전1:21) 하나님의 자녀인 우리는 하나님을 기쁘시게 해야 합니다. 이를 위해 전도를 해야 합니다.

전도는 분명 혼자하는 것이 아닙니다. 하나님이 언제나 함께 하시며 하늘과 땅의 권세를 가지신 주님도 세상 끝날까지 함께 하십니다. 성령도 말할 수 없는 탄식으로 친히 우리를 위해 간구하시고 전도의 문을 열어주시며 놀라운 권능을 주셔서 열매맺게 하십니다.

또한 전도자의 입장에서 볼 때, 많은 사람을 옳은대로 돌아오게 하는 자는 하늘의 별과 같이 비취는 영광을 얻기 때문입니다.(단

12:2~3) 그러므로 영육간의 축복을 받기 위해서 전도는 필수적인 것이라 할 수 있습니다. 물론 바울은 고린도교회를 향하여 전도는 부득불해야 하는 것이며 자신이 전도를 하지 않으면 화가 있을 것이라고 말했습니다. 구원받은 성도의 당연한 의무가 전도이지만 동시에 전도는 성도의 놀라운 축복의 특권과 권리가 됨을 알아야 합니다.

더 나아가 전도대상자의 입장에서 볼 때, 전도를 하지 않으면 불신자들은 복음을 들을 수 없기 때문입니다. "전하는 자가 없는데 누가 들으리요"(롬10:14) 죄의 삯인 사망을 향해 달려가고 있는 많은 사람들을 멸망에서 구원하기 위해 누군가는 그들이 구원의 소리를 들을 수 있도록 전파하고 외쳐야 합니다. 그러기에 전도는 다른 사람을 긍휼히 여기는 최고의 사랑이 되는 것입니다.

마지막으로 사단의 입장에서 볼 때, 악한 영과 공중권세 잡은 사단의 일을 무너뜨리고 멸하기 위해 더 적극적으로 해야 합니다. 사단은 우는 사자와 같이 삼킬 자를 두루 찾아다닙니다.(벧전 5:8~9) 그런데 하나님의 은혜로 구원을 받은 성도가 전도하지 않는다면 사단은 영혼을 멸망시키는 자신의 일을 방해없이 얼마나 잘 전개하겠습니까! 그러므로 전도는 잠시라도 멈출 수 없는 중요한 사역입니다. 바울은 고린도교회에게 자신과 성도는 하나님과 함께 일하는 사요 그러기에 지금은 구원의 날이요 은혜받을 만한 때(고후6:1~2)라고 했습니다. 교회의 목회자와 성도는 하나님의 일인 전도에 미쳐야 합니다. 그러기 위해서 나날은 자신과 타인의 구원의 날이요, 더 나아가 매일을 승리하기 위해서 은혜를 깊이 사모하고 풍성히 받아야 합니다.

준비론 단계

전도의 생활화를 위한 여섯단계에서 두 번째 단계는 준비론 단계입니다.

준비론은 전도의 종류와 연관이 있는데, 일반적으로 전도의 종류를 분류해 보면 ①개인전도 ②교회전도 ③소그룹전도 ④문서전도 ⑤물품전도 등입니다.

개인전도는 찾아가는 전도로써 노방전도, 축호전도, 방문전도, 일대일전도, 전단배포전도 등을 말하고, 교회전도는 찾아오게 하는 전도인데 총동원전도주일, 열린음악회, 부흥회, 바자회, 열린강좌, 각종 세미나 등으로써 일반적으로 행사전도라 할 수 있습니다. 소그룹전도는 개인전도와 교회전도를 병행하여 먼저 찾아가고 데려온 후 관계를 맺는 과정을 거쳐 점진적인 양육으로 들어가는 전도입니다. 보통 열린모임, 목장, 밴드, 알파, D-12, L-12, G-12, J-12, 가정 교회 등을 들 수 있습니다.

이에 반하여 접근하기가 어렵고 직접적 만남이 불가능한 대상에 대하여 단계적으로 접근해 나가는 문서전도가 있습니다. 우편이나 메일 또는 문자를 통해 지속적으로 접근함으로써 서서히 마음을 열어 돌아오게 하는 전도입니다. 대표적으로 이슬비전도편지나 좋은신문, 패밀리 투데이, 동행 등의 월간신문이 있고, 만나, 생명샘 등의 소책자가 있습니다. 이 문서전도는 특히 중보기도가 중요하며 정확한 행정과 섬세하고 규칙적인 관리가 필요합니다.

물품전도는 여러 가지 도구를 사용하는 것으로써 두부 전도, 콩나물 전도, 빈대떡 전도, 부침개 전도, 휴지 전도, 주걱 전도, 장미 전도, 소금 전도 등 무수히 많습니다. 중요한 것은 물품만 전달하고 복음을 등한시해서는 안된다는 점입니다. 구체적인 복음제시 내용을 가지고 있지 않으면 물품만 나누어 주고 본질적 요소인 전도의 의미가 퇴색할 수 있음에 유의해야 합니다.

개인전도의 준비

개인전도를 하는데 준비해야 할 것은 무엇이 있을까요?

가장 중요한 것 두 가지가 있는데, 하나는 담대한 마음이요 다른 하나는 복음제시의 틀을 훈련하는 것입니다. 복음제시 틀에는 사영리 방법이나 브리쯔(Bridge) 방법, 전도폭발, 글없는 책, 그림책, 스크랩 방법 등이 있습니다. 담대한 마음으로 용기를 내어 나갔을지라도 복음제시의 틀을 준비하지 않으면 메시지 없이 시간을 낭비하다 헤어질 확률이 높습니다. 만나는 시간은 매우 짧습니다. 그 시간을 효과적으로 활용할 수 있는 길은 복음제시의 틀을 준비하고 숙련된 훈련을 통해 전도대상자를 보는 순간 즉각적으로 사용할 수 있어야 하는 것입니다. 반대로 복음제시의 틀이 잘 훈련되었다 하더라도 담대한 마음이 없으면 부끄러워 하다가 기회를 놓치기 쉽습니다. 그러므로 영적 전쟁인 전도는 성령의 충만함을 힘입어 영육간에 담대함으로 무장해야 합니다.

교회 전도의 준비

교회 전도를 하는데 준비해야 할 것은 무엇일까요?

첫째는 소문난 교회를 준비하라.

사도행전 2장1절에서 13절을 읽어보면, 오순절에 성령이 마가 다락방에 임하여 120여명의 성도에게 방언을 주었던 사건이 기록되어 있습니다. 이 사건에서 주목할 만한 대목이 있습니다. 왜 성령은 다른 은사도 아닌 방언을 주었을까요? 이것은 성령이 매우 지혜로우셨음을 알게 합니다. 성령은 오순절 즉 맥추절, 칠칠절에 경건한 유대인들이 절기를 지키기 위하여 천하각국으로부터 와서 예루살렘에 우거할 것을 아셨습니다. 그들에게 120여명의 성도를 통해 하나님의 큰 일을 말하게 하려면 가장 좋은 방법이 방언이었던 것입니다. 갈릴리 사람이 방언을 통해 예수 그리스도의 죽으심과 부활하심을 전파하니 천하각국에서 모여든 흩어진 유대인(디아스포라) 모두는 기이히 여기며 놀랄 수 밖에 없지 않았겠습니까! 결국 이 일로 예루살렘의 초대교회는 소문나기 시작했던 것입니다. 일단 오늘날의 교회는 본질적인 것으로 소문나야 합니다. 말씀과 기도가 살아있는 교회요 은혜와 역사가 있는 교회로 소문나야 합니다. 소문이 나면 아무리 멀고 허름해도 사람들은 깊은 관심을 갖고 찾아오게 마련입니다.

둘째는 **뜨거운 교회를 준비하라.**

뜨거운 교회란 기도하는 교회를 말합니다. 교회는 만민이 기도하는 집(막11:17)입니다. 그러므로 교회를 기도로 충만케 하는 것은 매우 중요한 전도의 길입니다. 본질을 소중히 여기는 것은 빠르고 커다란 가시적인 성장보다 중요합니다. 기도는 속도보다 규모보다 더 중요한 하나님을 잃지 않게 하는 길입니다. 그러므로 하나님과 깊은 교제를 나눌 수 있는 많은 기도회를 준비하고 영혼들로 하여금 참여케 하는 교회를 만들어야 합니다.

대전에 있는 한 교회를 방문한 적이 있습니다. 입구부터 수없이 많은 현수막이 걸려있었습니다. "무슨 행사가 이렇게 많지?"라고 생각한 나는 현수막의 내용을 자세히 살펴보았습니다. 온통 기도회 현수막이었습니다. "1살 기도회"를 비롯하여 "취학아동 기도회", "임산부 기도회", "남편구원 기도회", "사업 기도회", "취직 기도회", "대학입학 기도회", "전도 기도회", "치유 기도회", "부부 기도회" 등 세밀하고 다양한 내용들이었습니다. 이 교회는 놀랍게도 10년 만에 대전에서 영향력있는 교회로 성장하였습니다.

다양한 기도회는 많은 기도를 하나님께 드리도록 성도를 이끌었을 것입니다. 많은 기도를 들으신 하나님은 친히 때를 따라 도우시는 은혜로 역사하셨을 것입니다. 응답은 간증으로 이어지고 간증은 강력한 복음제시의 예가 되었을 것입니다. 결국 체험적인 복음전파는 많은 영혼을 그리스도 앞으로 돌아오게 하였을 것입니다. 교회는 본질에 충실하여 기도하였고 그 결과 교회공동체는 놀랍게 성령 안에서 부흥한 것입니다.

그러나 간과해서는 안될 것이 있습니다. 많은 기도회가 열릴 때 철저히 준비해야 한다는 점입니다. 얼핏 생각하면 기도회의 종류가 교회의 성장과 부흥을 가져다 주는 것처럼 생각하고 기도회를 교회 성장과 부흥에 이용하려는 자세를 갖을 수 있습니다. 그러나 이는 크게 잘못된 생각입니다. 모든 기도회는 하나 하나 철저히 진행되어야 합니다. 영적 리더들의 철저한 중보와 진행, 그리고 은사 활용과 지속적인 관리가 필수입니다. 하나님은 만홀히 여김을 받지 않으십니다. 기도를 부흥의 수단으로 이용할 때 하나님은 침묵하십니다. 그러나 기도를 하나님과 사귀는 절대적인 목적으로 여길 때 하나님은 그 기도를 들으시고 친히 일하시는 것입니다.

셋째, 미끼가 흔한 교회를 준비하라.

전도는 사람을 낚는 일입니다. 예수 그리스도는 시몬 베드로에게 "나를 따라 오너라. 내가 너로 사람을 낚는 어부가 되게 하리라"(마4:19)고 말씀하셨습니다. 물고기를 잡으려면 반드시 미끼가 필요합니다. 고기의 종류에 따라 다른 미끼를 써야 함은 두말할 나위도 없습니다. 물고기의 종류가 다양하듯 전도의 대상도 다양합니다. 어린아이로부터 청소년, 청년, 장년, 중년, 노년에 이르기까지 구원의 대상은 다양합니다. 그들에 대한 전도방법이 다 같을 수는 없습니다. 왜냐하면 각 연령에 따라 가치관과 필요가 다르기 때문입니다. 그러므로 각 연령층에 맞는 전도 미끼가 구상되어야 하고 또 준비되어야 합니다. 누구를 교회공동체로 초대하여도 그가 관심을 갖고 참여할 수 있는 다양한 접촉의 마당이 준비되어야 합니다. 대부분 어린아이의 관심은 먹는 것에 있고, 청소년의 관심은 기호품에 있으며, 청년의 관심은 이성에, 장년이나 중년의 관심은 명예와 자존심, 재물(부) 등이며, 노년의 관심은 건강이나 마지막을 정리하는 인생의 깊은 의미에 있습니다. 이에 걸맞는 프로그램으로 모든 영혼들에게 관심을 갖고 교회로 초대하며 한 발 더 나아가 참된 복음제시로 예수님을 영접케하여 영생의 길로 인도해야 하는 것입니다.

한가지 간과해서는 안될 것이 있습니다. 프로그램의 다양한 진행이 복음보다 앞서는 것은 위험합니다. 어떻게 하면 다양한 프로그램을 통한 일반적인 욕구가 본질적인 복음을 통한 영적인 욕구로 자연스럽게 전환되어지고 이양되어질 수 있는가를 늘 살펴야 합니다.

넷째, **그물을 잘 치는 교회를 준비하라.**
예수를 믿는 모든 성도는 모두 그리스도의 제자입니다. 제자는 사람을 낚는 어부입니다. 동시에 그물을 던지는 어부입니다. 어부는 어니에 그물을 던져야 할지 잘 알아야 합니다. 적어도 경륜과

연륜 그리고 바른 통계를 가지고 있어야 합니다. 가능성이 없는 곳에 그물을 던진다면 그것은 우매하고 무능한 어부입니다. 어부의 목적은 고기를 잡는 것이 아닙니까! 고기를 잡고 그 고기를 활용해서 더 큰 일을 계획하는 것입니다. 그러므로 고기를 잘 잡기 위해 반드시 심여를 기울여야 할 사항은 그물을 던질 곳과 그물칠 곳을 정확히 찾아 내는 것입니다.

교회는 많은 영혼을 구원하기 위한 방주입니다. 그러므로 많은 영혼을 구원하기 위한 그물을 쉬지않고 쳐야 합니다. 그러기 위해서는 지역에 대한 세심한 이해가 필요합니다. 어떤 지역은 노년층이 많고 어떤 지역은 신혼부부층이 많습니다. 또 어떤 지역은 산모층이 많고 어떤 지역은 학생층이 많으며 어떤 지역은 아동층이 많습니다. 이러한 지역이해를 통해 그 대상을 구원하기 위한 그물을 쳐야 합니다. 노년층이 많은 지역에 청소년층의 그물을 친다면 잘 맞지 않는 전도그물을 통해 잡히는 영혼은 거의 없을 것입니다. 신혼부부층이 많은 지역에 중년층의 복음그물을 친다면 역시 그 효과는 빈약할 것입니다. 그러므로 지역의 특징, 즉 층을 이해하고 그에 맞는 크기와 내용, 그리고 방법으로 그물을 던져 영혼을 건져내야 할 것입니다.

안산에 있는 한 교회는 이 일에 대해 매우 철저하여 20여년이 채 되지 않아 복음의 불모지에서 수천명이 모여 예배하는 대 교회를 이루었습니다. 이 교회는 개척을 하기 전에 먼저 지역을 분석하기 시작했습니다. 연령층, 성별층, 아동층, 학생층, 노년층, 직업층, 주거형태, 지적수준, 성향분류, 유행성 등 모든 것을 나름대로 조사하고 그들에게 맞는 내용과 방법으로 전도지를 만들고 복음의 그물을 던지기 시작했습니다. 그 결과 많은 사람이 공감을 느끼고 쉽게 마음을 열어 낯선 교회로 달려오게 되었습니다. 그들은 사회에서 얻을 수 없는 많은 영역을 교회에서 충족하는 기쁨을 맛보았던 것입니다.

다섯째, 시끄러운 교회를 준비하라.

시끄러운 교회란 어떤 교회일까요? 문득 시끄럽다는 말에 싸우고 다투는 교회가 연상되지 않습니까? 시끄럽다는 단어에 한국교회의 부정적인 한 모습이 연상된다는 것은 매우 가슴 아픈 일입니다. 시끄러운 교회란 아이들이 수시로 들락날락하는 교회를 말하는 것이요, 모든 교인들이 자주 교회의 문지방을 밟는 교회를 말하는 것입니다.

잘되는 가게는 손님의 발이 끊기지 않습니다. 문전성시를 이루는 가게는 언제나 만족과 행복이 창출됩니다. 그러기에 사람이 많이 몰리는 곳은 언제나 활기참과 복잡함과 시끄러움이 있습니다. 말하는 소리, 웃는 소리, 외치는 소리, 찾는 소리, 떠드는 소리, 우는 소리 등 수많은 소리들이 서로 얽히고 설켜 시끄럽기 그지없습니다. 그러나 거기에 생동감이 있고 회복이 있고 전진이 있고 미래가 있는 것입니다.

오늘날 많은 교회가 정규예배를 드린 후 예배당의 문을 잠그니다. 특정한 장소의 문만을 개방한 채 많은 공간을 비워둡니다. 이로 인해 교회는 썰렁해 집니다. 그러나 최근 부흥하는 교회를 살펴보면 예배당의 공간을 다양한 용도로 개방하여 사람들로 북적이게 만듭니다. 교회는 경건함과 동시에 활발함으로 채워져야 합니다. 고요함과 함께 시끄러움이 공존해야 합니다. 하나님과 사람을 사랑하는 공동체인 교회는 경외심이 넘치는 정숙함과 함께 서로 연락하고 상합하는 시끄러움이 핏줄처럼 근육처럼 발달해야 합니다. 어린 생명들이 교회를 생활의 터전으로 느끼고 늘 즐기며 머물러야 하고 성숙한 영혼들이 교회를 헌신의 터전으로 삼고 은혜를 고백하며 충성, 봉사할 때 교회는 긍정적인 시끄러움 속에 거하게 됩니다.

여섯째, 생수가 넘치는 교회를 준비하라.

사람들이 교회에 오는 이유는 무엇일까요? 분명 세상에서 얻을 수 있는 것들을 충족하기 위해 찾아오지는 않을 것입니다. 그것보다 더 중요한 것을 얻기 위해 찾아오는 것입니다. 그것은 육체적인 것이나 정신적인 것보다 더 근본적인 영적인 것, 신비스러운 것입니다. 사람들은 가끔 말합니다. 교회에 가면 마음이 평안해 지고 안식을 얻을 수 있다고 말입니다. 물질이 넉넉해 지거나 환경을 바꿔주지도 않았는데 왜 사람들의 마음은 평안해 지고 안식을 얻는 것일까요? 그렇습니다. 교회에는 세상이 주지 못하는 생수가 있기 때문입니다. 갈한 심령에 해갈을 주는 생명수가 있는 것입니다.

생수는 예수요, 곧 말씀입니다. 교회에서 가장 풍성하게 솟아나야 할 것은 생수인 말씀입니다. 말씀이 넘쳐 흐름으로 교회는 교회의 역할을 할 수 있는 것입니다. 말씀은 살았고 운동력이 있어 좌우의 날선 검보다 예리하여 관절과 골수를 찔러 쪼개기까지 하는 것(히4:12)입니다.

생수는 교회의 두 날개인 소그룹과 대그룹에서 지속적으로 솟아나 흘러 넘쳐야 합니다. 소그룹인 구역이나 셀, 목장이나 가정교회, G-12나 L-12, 열린모임 등에서 평신도 지도자들의 입을 통해 신선하고 실제적으로 넘쳐 흘러야 합니다. 뿐만 아니라 대그룹인 주일낮예배나 오후예배(밤예배), 수요밤기도회나 심야기도회, 새벽기도회나 저녁기도회 등에서 더욱 풍성하게 전인적으로 넘쳐 흘러야 합니다.

많은 사람은 영혼의 양식에 갈급해 있습니다. 영혼의 양식은 세상의 물질적인 것으로 대체될 수 있는 것이 아닙니다. 인간의 근원이 하나님의 말씀에 있기 때문에 누구든지 주의 말씀으로만 해갈을 경험하고 평안함으로 나아갈 수 있는 것입니다. 그런데 많은 교회들이 하나님의 말씀인 성경을 깊게 전하지 않습니다. 생수는 깊은 산골에서나 깊이 판 우물에서 얻을 수 있는 것이 아닙니까? 그러므로 성경을 많이 읽고 공부하고 묵상한 후 적용할 수 있도록 잘 요리하여 내어놓는 것이 교회의 할 일입니다.

어렵게 전도된 영혼들이 교회에서 먹고 마실 신령한 음식이 없어 다시 교회를 떠나서야 되겠습니까? 건물은 점점 커져가고 프로그램은 새롭게 넘쳐나는데 가장 근본이 되는 하나님의 말씀인 생수가 오염되어 있거나 고갈되어 간다면 미래에 교회를 찾아 나올 자는 점점 줄어들고 없어질 것입니다.

일곱째, **구멍나지 않은 교회를 준비하라.**

밑 빠진 독에 물붓기란 말이 있습니다. 어떤 수고도 소용이 없다는 뜻입니다. 많은 교회의 공통적 현상 중에 하나는 매주 영혼들이 교회 공동체에 들어오지만 시간이 지나보면 그 공동체의 수는 언제나 동일하다는 것입니다. 왜 늘어나지 않는 것일까요? 다시 말해서 전도하지 않는 교회나 구멍난 교회는 결국 점점 줄어든다는 이야기입니다.

교회에도 구멍이 있습니다. 교회의 구성원인 지체들이 교회의 구멍을 찾아 막지 않으면 결국 자신이 섬기는 교회도 점점 줄어들 것입니다. 교회의 구멍은 무엇일까요?

첫째는 **사랑입니다.** 사랑이 메마른 교회, 형식적인 모임만 넘치는 교회는 구멍난 교회입니다. 교회는 희생적인 사랑과 헌신적인 사랑과 이타적인 사랑이 느껴지는 공간이어야 합니다. 특히 먼저 믿은 사람들은 나중 믿는 사람들에게 사랑의 아비와 어미가 되어야 합니다. 세상에서 이기적인 경쟁 속에 살다가 상처받고 지친 영혼들이 교회에 왔을 때 교회는 사랑의 연고로 그들을 치료해 주어야 합니다.

둘째는 **행정**입니다. 행정은 하나님이 주신 지혜입니다. 성도들을 섬세하게 돌아보는 조직적인 섬김입니다. 언제 어떤 일을 만날지 모르는 세상에서 하나님의 백성이 고난과 역경을 능히 이겨낼 수 있도록 뒷받침하고 훈련하며 강하게 세워가는 모든 일은 행정에서 가능합니다. 행정은 생일이나 기념일을 기억해 주는 것, 주소와 교적을 관리하는 것만을 의미하지 않습니다. 보이는 것부터 보이지 않는 영역까지 섬세히 다루는 조직적 관리입니다.

소그룹 전도의 준비

세 번째로 소그룹 전도에 대해서 생각해 보겠습니다. 소그룹전도는 무엇이며 어떻게 준비해야 할까요?

소그룹이란 일반적으로 다음과 같은 이름으로 불려지기도 합니다. 열린모임, 알파, 셀, G-12, L-12, D-12, 밴드, 목장, 구역, 가정교회 등입니다. 즉 15명 이하의 구성원이 교회 안에 작은교회로 존재하면서 서로 상합하고 연락하며 대그룹 공동체를 건강하게 만드는 생명적인 최소단위 조직(세포, Cell)입니다. 이 소그룹은 교제를 뛰어넘어 영혼구원 즉 재생산을 목적으로 하고 특별한 방식과 순서로 가족같이 활동하는 모임입니다.

최근에 모든 교회는 소그룹 활동을 매우 소중히 여깁니다. 한국교회는 한 동안 대그룹 중심의 교회사역을 강조하면서 모이는 것을 외쳤지만 오히려 교회는 질적 양적으로 허약해졌습니다. 결국 많은 교회들은 초대교회로 돌아가자는 슬로건 아래 건강한 교회를 세우기 위해 소그룹을 활성화시키기 위한 많은 대안들을 찾기 시작했습니다.

초대교회의 소그룹의 특징은 핍박과 박해 속에서도 끊임없이 제자의 수를 더해가는 전도 사역입니다. 오늘날 한국교회는 교회성장과 맞물려 소그룹의 중요성을 깨닫고 생명력을 가진 작은 모임을 교회마다 만들고자 애쓰고 있습니다.

우선 소그룹전도는 몇 가지의 필수적인 요소를 갖고 있습니다. 첫째 리더, 둘째 인턴, 셋째 멤버, 넷째 모임운영방식, 다섯째 리더양육 프로그램, 여섯째 각종 수양회 프로그램 등입니다.

리더

소그룹전도에서 리더는 절대적으로 중요한 위치를 차지합니다. 소그룹의 운명이 리더에게 달려있음은 두말할 나위도 없습니다. 리더가 어떤 가치관과 비전을 가지고 있느냐가 그 소그룹의 성패 여부를 좌우합니다. 따라서 리더는 기본적으로 리더양육프로그램을 통해서 철저하게 만들어져야 합니다. 리더 양육의 초점은 소명감, 책임감, 추진력, 열정, 재생산, 돌봄, 철저한 경건과 영성 등에 있습니다. 그러므로 리더의 양육과정은 위의 일곱가지 요소를 체계적으로 훈련하는데 있습니다. 소명감은 리더로 부르신 하나님의 주권에 대한 깊은 고백을 뜻하며, 책임감은 모든 일의 우선순위를 소그룹에 두는 것을 의미합니다. 추진력은 멤버를 끌고 산을 넘고 강을 건너 결국 원하는 목적지에 도착하는 지속적인 힘을 의미하며, 열정은 멤버의 사역과 삶을 부지런히 점검하고 자신에게 있는 달란트를 통해 멤버 상호간의 능력을 유지, 개발시키는 구체적인 관심을 뜻합니다. 재생산은 소그룹의 존재 이유를 활성화시키는 것으로써 소그룹을 운영해 가는 일체의 과정 속에 반복적으로 드러나야 할 필요충분의 가치를 의미하며, 돌봄은 재생산에 의해 얻게 된 영혼과 기존 멤버를 끊임없이 보호하고 성숙시키는 섬김을 말합니다. 더 나아가 경건과 영성은 소그룹의 멤버 관리와 사역 진행을 효과적으로 하기 위해 쉽게 빠지기 쉬운 기술과 요령을 뛰어넘어 더 본질적이고 근본적인 DNA(소그룹의 생명성) 핵심에 치중하는 것을 의미합니다.

인턴

인턴은 소그룹이 재생산에 의해 번식할 때 그 다음 리더를 맡게 되는 멤버를 말합니다. 인턴도 리더양육프로그램의 내용을 단계적으로 훈련해야 하고 동시에 특히 소그룹을 이끌어가는 방법과 기술도 철저히 익혀야 합니다. 리더가 어떤 순서로 어떻게 진행해 나가야 멤버가 지루해 하지 않고 즐겁게 참여하는지 등의 점들은 매우 중요한 요소이기 때문입니다. 인턴은 언제든지 리더가 있는 자리에 동석하여 한 단계, 한 단계 배워가야 합니다. 리더는 순서의 한 부분을 인턴에게 진행해 보도록 넘겨주고 지도함으로써 많은 경험을 미리 쌓도록 도와주어야 합니다.

멤버

멤버 즉 구성원에 대해서 생각해 보면, 우선 3명, 7명, 12명의 형태로 시작할 수 있습니다. 3명은 예수님의 사랑하는 세 제자를 근거로 해서 최소 단위로 출발하는 것이고, 7명은 초대교회 일곱 집사를 근거로 해서 중간 단위로 시작하는 것이며, 12명은 예수님의 열두제자를 근거로 소그룹 최대단위로 출발하는 것입니다.

현대사회와 교회의 상황은 몇 가지의 특징이 있는데, 먼저는 모두가 일해야 할 경제구조를 갖고 있다는 점입니다. 일하지 않으면 살아가기가 쉽지 않은 것입니다. 동시에 다양한 경제구조 속에 직업을 갖고 있어서 동시에 사람들이 한 곳에 모이기가 어렵다는 점도 있습니다. 뿐만 아니라 넓은 공간적 활동성과 교통의 번잡함으로 약속시간을 정확히 지키기가 쉽지 않은 점도 있습니다. 이러한 문제들이 소그룹 활동을 훼방하게 됩니다. 따라서 지역의 특성에 따라 효과적인 멤버의 수를 정하는 것이 타당합니다. 지나치게 적은 멤버의 수는 모이기에 편리함은 있으나 빠른 실증과 나태 그리고 프로그램의 단일화 등으로 인해 부실한 소그룹이 될 수 있음으로 이를 어느 정도 고려한 멤버의 수가 중요합니다.

모임운영 방식

다음으로 매우 중요하게 다루어야 할 내용은 모임운영방식입니다. 기존의 방식을 사용할 것인가 아니면 새로운 방식을 사용할 것인가, 어떤 방식이든지 소그룹전도의 목적과 취지에 맞으면 가능합니다. 특히 새로운 멤버가 전도되어 소그룹에 들어온다는 점과 그의 수준을 고려하는 일을 간과해서는 안됩니다. 따라서 다음의 방법으로 모임을 운영하는 것이 자연스러울 것입니다. 환영(Welcome), 찬양(Worship), 말씀(Word), 기도(Wind), 사역(Work) 순입니다.

소그룹모임 운영방식은 고전적인 형태와 현대적인 형태로 구분할 수 있습니다. 고전적인 형태는 예배에 초점이 맞춰져 있는 반면 현대적인 형태는 전도에 초점이 맞춰져 있습니다. 그러므로 고전적인 형태의 소그룹모임 운영방식은 여러 번의 찬송과 기도 그리고 설교와 봉헌으로 이어진 후 교제의 순서를 갖는 것이 일반적입니다. 그러나 전도에 초점을 맞춘 현대적인 형태의 소그룹모임 운영방식은 먼저 환영(welcome)의 순서를 통해 얼어붙은 마음을 열어주는 아이스브레이크(ice break)를 진행합니다. 간단한 질문 형식의 대화가 나누어진 후 찬양(worship)의 순서를 통해 은혜의 찬송 또는 복음성가(CCM)를 부릅니다. 경우에 따라서는 아직 신앙을 고백하지 않은 새가족(전도대상자, 초신자 등)을 위해 건전가요를 부르기도 합니다. 이어서 은혜의 말씀을 간증하고 고백하는 나눔(word)의 시간을 갖습니다. 고전적인 형태에서는 말씀 시간이 주로 설교로 진행된 반면 현대적인 형태에서는 주일에 선포되어진 설교 말씀을 한 주간 동안 삶 속에 실천하고 그 결과를 나누는 고백으로 진행됩니다. 처음에는 낯설고 어색할 수 있습니다. 그러나 지속적으로 진행하면 오히려 참여율이 높아지고 관계의 개선과 발전, 생활의 변화 그리고 소그룹의 결속력이 극대화됨을 알 수 있습니다. 물론 진행하는 리더는 멤버들의 고백의 시간을 잘 안배해야 합니다. 지나치게 한 사람이 많은 시간을 사용하는 일이 없도록 은혜가 넘치면서도 균형있게 이끌어가야 합니다.

나눔의 시간이 지나면 전도소그룹모임의 가장 중요한 부분인 성령의 나타나심과 역사하심을 체험하는 기도(wind) 시간을 갖습니다. 고전적인 형태에서는 순서에 따라 대표기도가 있는 반면 현대적인 형태에서는 멤버들의 기도제목을 다같이 공유하고 함께 기도함으로 응답과 변화를 체험하는 성령의 기름부으심의 시간입니다. 이 때 참여한 새가족은 믿음을 갖게 되고 모임에 더 적극적으로 참여하며 활동적인 자세를 보이게 됩니다. 마지막 순서로 진행되는 것은 사역(work)입니다. 고전적인 형태에서의 사역은 멤버들 자신의 몫으로 넘겨져 각자 생활의 현장에서 스스로 알아서 감당해야 했습니다. 그러나 현대적인 형태에서는 함께 전도대상자를 찾아 나갑니다. 일반적으로는 관계중심으로 방문하고 접촉하여 다음 모임을 소개하고 그 곳에 초청합니다. 이와 같이 전도소그룹은 내적이며 정적인 시간으로 실내에서 행해지는 부분과

외적이며 동적인 시간으로 실외에서 행해지는 부분으로 나뉩니다. 이 균형을 통해 소그룹은 지속적으로 번식하게 되며 교회에 큰 부흥을 안겨 주게 됩니다.

리더양육 프로그램, 각종 수양회 프로그램

다음은 리더양육 프로그램과 각종 수양회 프로그램입니다. 이것은 전도소그룹을 강화시키는 지원사역입니다. 리더양육 프로그램은 각 교회마다 나름대로의 과정을 만들어야 합니다. 내용, 기간, 대상, 인원, 훈련정도, 실습과정 등입니다.

내용에 있어서는 리더가 누구이며 자질은 어떠해야 하고 무엇을 담당해야 하는지, 구체적이고 단계적으로 교제를 만들어 전개해야 합니다. 기간에 있어서는 충분한 시간을 필요로 하겠으나 일반적으로 3개월 또는 6개월 정규코스를 만들고 그 이후 수시로 보충코스를 만들어 운영하는 것이 바람직합니다. 대상은 구원관이 뚜렷하고 중보하는 마음이 있으며 영혼에 대한 열정과 목표에 대한 욕구가 불타는 영혼이 좋습니다. 교회에 나온지 오래된 사람이나 교회에 영향력있는 사람을 우선하는 것은 바람직하지 않습니다. 오히려 죽은 소그룹을 만들 수 있기 때문입니다. 인원에 있어서는 특별한 기준이 없지만 일반적으로 교회 재적수의 5~10으로 나눈 수가 적당합니다. 훈련정도는 목회방침이나 목회환경에 따라 강도를 결정하고, 실습과정은 전도소그룹모임 속에서 리더의 지도에 따라 단계적으로 하나씩 배워가는 것이 바람직하며, 정기적으로 재충전하도록 특별 과정을 운영하는것이 좋습니다.

문서전도의 준비

이번에는 문서전도에 대해 이야기를 나누어 보겠습니다.

요즘 전도는 매우 많은 특수 상황에 부딪히고 있는 것이 사실입니다. 우선 많은 사람들이 집에 거주하지 않고 직장을 다닌다는 점이며, 혹 집에 있다 하더라도 접촉하기 위해 집까지 들어가기가 쉽지 않다는 점입니다. 뿐만 아니라 대부분의 전도대상자는 기독교의 전도방법에 부정적이며 너무 많이 접해 보았기 때문에 실증과 기피현상을 보이고 있습니다.

이런 상황에 쉽게 사용할 수 있는 전도가 문서전도입니다. 문서전도는 주보, 전단지, 편지, 팜프렛, 정기간행물, 잡지, 신문, 도서 등 많은 형태가 있습니다. 그러나 모든 문서는 나름대로 특징이 있기 때문에 전달단계에 따라 분류하는 것이 바람직합니다.

일반적으로 가장 쉽게 전달하는 것이 주보와 전단지입니다. 주보와 전단지에 대한 일반 전도대상자의 반응은 과연 어떨까요? 대부분은 휴지통이나 폐휴지모음 속으로 던져버리는 것이 현실입니다. 그렇다면 어떻게 주보와 전단지를 단 한번이라도 관심을 갖고 보게 할까요? 주보나 전단지의 내용과 모양이 신자 중심이나 교인 중심이 되기보다는 타종교인이나 불신자, 무신론자들의 눈높이에 맞춰야 합니다. 당연한 것이 아닐까요? 그렇다면 그 아이디어를 어디에서 찾을까요? 많은 경우 일반 전단지나 광고지를 참고해 보면 현대인의 코드를 쉽게 찾을 수 있습니다. 그러므로 교회 내에 주보와 전단지를 구상하는 팀을 조직하고 감각있는 멤버들이 지속적으로 연구하여 제작함으로써 보다 효과적인 주보와 전단지를 만들 수 있을 것입니다.

그 다음 단계로 사용되는 것이 편지나 정기간행물, 소책자입니다.

편지는 전문적으로 제작된 것을 구입하여 사용하는 경우도 있고 각 교회마다 만들어 사용하기도 하며 작은 교회는 손수 써서 사용합니다. 문제는 어떤 모양으로 어떤 내용을 담아 어떻게 전달하는 것이 효과적이냐는 점입니다. 일반 세일즈맨이 우편함에 넣어놓는 편지모양의 형태는 호응을 받을 수 없습니다. 특별한 초대장이나 아름다운 모양의 편지봉투를 제작하는 것이 중요합니다. 내용에 있어서는 단계적인 서술이 필요합니다. 일차적으로 일반적인 인사의 글과 쓰게 된 동기, 그리고 쓰는 이의 이력과 소개하려는 교회의 특징, 더 나아가 만남을 기대하는 초청, 그리고 그 이후에 주어지는 유익성의 내용을 단계적으로 서술해 가는 것입니다. 장르에 있어서는 편지글 형식, 시 형식, 간단한 꽁트 형식, 아주 작은 단편소설 형식, 삽화와 글 형식 등을 사용하면 됩니다.

정기간행물은 최근 많은 소형출판사에서 제작하여 판매하고 있습니다. 한달 간의 말씀과 예화를 담은 책자에 각 교회를 소개하는 내용 그리고 성도들이 경영하는 사업장을 광고함으로써 저렴하게 제작하여 전도용으로 사용하는 것입니다. 직접 각 교회에서 제작하면 좋겠지만 그 인력과 자원, 그리고 충분한 정보를 찾기는 쉽지 않습니다. 그러므로 일반적으로 제작, 보급하는 업체의 것을 사용하게 되는데 그 효력에는 한계가 있습니다. 왜냐하면 개 교회의 특성을 최대한 살릴 수 있는 영역과 공간이 부족하기 때문입니다. 무엇이든지 쉽게 얻으면 쉽게 나가지 않습니까! 그럼에도 불구하고 아무 것도 하지 않는 것보다는 차선이라도 최선을 다하여 실천하는 것이 최고의 결과를 얻음은 동서고금의 진리입니다. 여기서 반드시 기억해야 하는 것은 편지나 정기간행물로 전도를 할 때 가장 중요한 것이 지속성이라는 점입니다.

그 다음은 신문과 도서입니다. 신문 역시 여러 기독교문서선교 업체에서 제작하여 개 교회에 보급하고 있습니다. 지역단위마다 영역을 한정하고 정해진 한 지역에 한 교회만이 사용할 수 있도록 하는 형태로서 많은 호응을 얻고 있습니다. 반면 각 교회에서는 신문을 효과적으로 활용하지 못하는 현상도 일어납니다. 신문이 쌓인다든지 도로변에 비치대만을 설치하고 알아서 가져가라는 수동적인 태도, 비가 오거나 눈이 와도 그냥 방치해 두어 성의없어 보이는 현상들 등 좋지 않은 모습들이 쉽게 나타나고 있습니다.

물품 전도의 준비

전도에 있어서 다섯 번째 중요한 종류인 물품전도에 대해 살펴보겠습니다. 물품전도는 쉽게 접촉하기 어려운 현대인들에게 보다 자연스럽게 접근하려는 전도형태입니다. 물품전도에 주가 되는 요소는 분명 물품입니다. 예를 든다면 장미, 콩나물, 두부, 화분, 휴지, 소금, 이쑤시개, 거울, 주걱, 빵, 부침개, 토스트, 커피 등 이루 말할 수 없이 많습니다.

전도에 사용하는 물품들은 일반적으로 나누어주는 것과 먹는 것으로 구분됩니다. 나누어 주는 것은 전달하는 시간이 짧은 반면, 먹는 것은 시간이 걸려 그나마 대화의 시간을 많이 갖을 수 있는 장점이 있습니다. 물품전도 중 나누어 주는 것은 단회적 접촉임으로 즉각적인 결신을 목표로 삼기는 어렵습니다. 그러므로 지속적으로 만나 다회적으로 물품을 전달하며 관계를 맺고 그후 점차적으로 복음을 전하는 것이 자연스럽고 효과적입니다.

최근 물품전도에 사용되는 많은 종류들이 전문적으로 보급되고 있습니다. 물품을 통해 접촉을 용이하게 하는 점도 있지만 더 분명하고 중요한 것은 전도대상자의 마음을 사는 점입니다. 따라서 물품을 선정할 때는 정성이 들어있는 것, 보다 마음이 담겨 있는 것, 그러면서도 종교적인 냄새가 덜하며 가격에 부담이 없는 것, 더 나아가 남녀노소 누구에게나 널리 제공할 수 있는 것이어야 합니다.

물품전도에도 구체적인 단계가 있습니다.

첫째, 기도모임 단계입니다. 정기적이고 반복적인 기도회가 필요합니다.

둘째, 제조모임 단계입니다. 물품을 선정하고 포장하며 관리해야 합니다.

셋째, 코디모임 단계입니다. 교회의 이미지를 위해 전도에 나갈 사람과 사용하는 도구들을 단장해야 합니다.

넷째, 나눔모임 단계입니다. 정해진 시간과 장소에서 밝은 표정으로 나누어 주어야 합니다.

다섯째, 행정모임 단계입니다. 진행되는 모든 상황을 문서화하고 단계화하고 체계화 합니다.

여섯째, 초대모임 단계입니다. 물품을 받은 사람들의 동아리를 만들어 줍니다.

최근 물품전도는 나누어주는 것에서 먹는 것으로 이동하는 경향이 두드러지게 나타나고 있습니다. 그러므로 나누어주는 장소의 선점이 또 다른 중요한 요소로 등장합니다. 먹기에 편안하고 대화나누기에 부담이 적은 장소, 환경과 분위기가 조성된 곳을 선호합니다. 일반적으로 사람들이 자연스럽게 쉼을 갖으려는 장소로 공원이나 자유이용시설이 있는 곳 등입니다.

앞에서 작은교회가 자립하고 성장하기 위해 전도목회를 하려면 전도의 여섯단계를 구체적으로 훈련하고 시행해야 한다고 말했습니다. 그 첫 번째 단계는 서론으로써 '전도의 중요성'과 '전도의 삼각관계'를 이해하는 것이라 하였고, 두 번째 단계는 준비론으로써 개인전도, 교회전도, 소그룹전도, 문서전도, 물품전도를 준비하는 것이라 했습니다. 더 나아가 세 번째 단계는 수집론, 네 번째 단계는 접촉론, 다섯 번째 단계는 전개론, 여섯 번째 단계는 등록론이라 했는데 이번에는 세 번째 단계인 수집론을 살펴보고자 합니다.

전도대상자 수집

수집론은 전도를 시작하기 전에 전도를 가능하게 하는 매우 중요한 단계입니다. 왜냐하면 수집론은 전도대상자를 확보하는 문제이기 때문입니다. 전도대상자가 확보되지 않으면 전도의 열매를 풍성하게 맺을 수 없습니다. 그러므로 전도대상자를 효과적으로 수집하기 위해서는 많은 지혜가 필요합니다. 그렇다면 어떤 방법으로 전도대상자를 수집할 수 있을까요?

첫째, 이잡기 방법입니다.

이 방법은 매우 현실적입니다. 이를 잡으려면 머리카락 사이와 옷 구석구석을 자세히 살피며 찾아야 합니다. 전도에 있어서도 우선 교회 옆 집부터 시작하여 단 한 집도 건너뛰지 않고 모든 집을 방문하여 신앙생활 여부를 질문하고 확인, 점검, 표시하는 것입니다. 신앙생활을 잘 하면 "○"를 하고, 신앙생활을 하지 않거나 타 종교를 가지고 있으면 "×"를 합니다. 또한 그 중간 상태이면 "△"를 표시하는 것입니다. 일반적으로 크게 표시는 두 번 하는데 하나는, "전도대상자 관리집"이라는 노트에 하고, 다른 하나는 분필로 그 방문한 집 대문에 표시하는 것입니다. 그 후 "△"가 표시된 집으로 부터 시작하여 "×"의 표시를 한 집까지 전도대상자로 삼고 방문전도나 문서전도를 펼쳐가는 것입니다.

둘째, 쥐잡기 방법입니다.

이 방법은 매우 쉬운 전도대상자 수집방법 중에 하나입니다. 그렇지만 전문성을 요구합니다. 쥐잡기 방법은 지역으로 이사오는 사람들에게 초점을 맞춥니다. 따라서 이삿짐 센터나 아파트 관리실, 동사무소 등을 이용하여 최근에 거주지를 옮긴 사람들의 명단을 확보하고 그들에게 특수한 전도훈련을 받은 전도특공대 대원들을 특파하여 결실을 맺는 방법입니다. 전도특공대는 일반적으로 세 명으로 구성하는데, 한 사람은 문개방이나 접촉점을 담당하고 한 사람은 방해요소를 제거하는 것을 담당하고, 한 사람은 복음제시를 담당합니다. 이 세 사람이 합심하여 대상자를 전도하는 것입니다. 이잡기 방법이 불특정 다수에게 무조건적으로 접근하는 반면, 쥐잡기 방법은 특별히 거주지의 이동으로 새 지역에 정착하지 못한 사람들을 대상으로 하는 보다 적은 범위의 방법입니다.

셋째, 태신자명단 방법입니다.

이 방법은 현재 매우 많이 사용되고 있습니다. 기존의 성도들에게 자신과 관계를 맺고 있는 모든 경우의 사람들을 적어 내도록 "태신자명단 작성표" 양식을 주고 작성하여 내도록 하는 방법입니다. 가깝게는 가족으로부터 시작하여 친척, 이웃, 우유 배달원, 신문배달원, 슈퍼주인, 미용실 아줌마, 찜질방 근무자, 직장 동료, 자주 만나게 되는 공무원 등 관계를 갖고 있는 모든 사람을 수집하는 것입니다. 그리고 그들을 놓고 매일 같이 기도하고 계획된 특정한 날에 그들을 초대하는 것입니다. 거리를 초월하여 작성하고 시간에 쫓기지 않고 점진적으로 접근하여 결실하는 방법입니다.

넷째, VIP 방법입니다.
이 방법은 태신자 명단 방법과 비슷합니다. 다른 점이 있다면 그 대상을 무한정 뽑는 것이 아니라 가능성이 있는 소수를 뽑아 구체적으로 접근하는 방법입니다. 태신자 명단 방법이 총동원전도주일이나 해피데이 전도와 관계가 깊다면 VIP 방법은 열린모임과 관계가 깊습니다.

다섯째, 동사무소 또는 공인중개사무소(복덕방) 방법입니다.
이 방법은 동사무소나 공인중개사무소에서 전입 명단을 찾아 대상자를 수집하는 것입니다. 일반적으로 동사무소에는 전출입명부가 있습니다. 최근에는 모든 행정이 전산화되어 있어 열람하기가 쉽습니다. 전입명부를 열람하여 최근 3개월 이내 이사 온 이웃들을 찾아 그 이름과 주소를 확보하면 됩니다. 더 나아가 공인중개사무소에서는 최근에 월세나 전세로 거처를 옮겨 임대하고 이

주한 사람들과 구매를 통해 입주한 사람들의 명단을 구할 수 있습니다. 이때 공인중개사무소가 많은 것을 감안하여 발품을 팔아 성실히 수집해야 합니다. 이 때 그 관계자들에게 간단한 음료를 구입해 전달하는 것은 센스입니다.

여섯째, 앨범과 수첩, 팜프렛 인쇄물 방법입니다.
이 방법은 성도들이 학교나 단체에 소속됨으로 발간되는 많은 인쇄물을 활용하는 것입니다. 일반적으로 공부하는 사람들은 입학 명단이나 졸업 명단이 들어 있는 앨범이 있습니다. 그 앨범의 뒷면에 보면 인적사항이 있는데 그것을 수집하면 됩니다. 또한 각종 친목단체에서 발간되는 책자에 회원명부가 있음으로 그것을 활용하면 됩니다.

일곱째, 파라솔, 또는 천막 방법입니다.
파라솔을 치고 일정한 시간을 한 장소에서 고정적으로 보내면서 이사짐의 이동, 혹은 무거운 짐을 운반할 때나 기타 특수한 일이 있는 사람들을 돕고 인적 자료를 수집하는 것입니다. 경우에 따라서는 이사 온 주민들이 못을 박는다거나 급히 도움을 청할 때 신속하게 해결해 주면서 관계를 맺고 전도대상자로 수집하는 방법입니다.

여덟째, 설문지 방법입니다.

이 방법은 다양한 설문지를 만드는데서부터 시작됩니다. 예를 든다면 종교실태파악 설문지, 자녀양육방법 설문지, 건강관리실태 설문지, 신 재테크활용 설문지 등이 있습니다. 일반적으로 약 10문항을 만들고 마지막에는 인적 사항을 조사함으로 다시 만날 자료를 수집하는 방법입니다. 이 방법은 가정방문을 통해서도 가능하고 길거리에서도 가능합니다. 서서도 앉아서도 가능한 일이나 가급적 시간을 갖고 행하면 더 큰 효과가 있습니다.

아홉째, 부침개 또는 솜사탕 방법입니다.

이 방법은 몇 사람이 그룹을 지어 사람이 많이 왕래하는 한 장소를 지정하고 그 곳에서 부침개를 만들어 나누어 주거나 먹고 가게 하면서 인적 사항을 자연스럽게 대화 중에 얻어내는 방법입니다. 또한 방과후에 학교 정문이나 횡단보도 근처에서 솜사탕을 만들어 주면서 어린이들의 인적사항과 부모인적내용까지 파악하는 방법입니다. 설문지나 부침개 방법은 모두 진실한 예절을 요구합니다.

전도대상자 접촉

이번에는 네 번째 단계인 접촉론을 살펴보려고 합니다.

접촉론은 인간관계에 있어서 첫 관문입니다. 일상적인 만남이든 사업차 만나는 영리적인 만남이든 모든 만남에는 첫인상이 중요합니다. 하물며 영혼을 구원하기 위한 영적인 만남은 그 첫인상이 얼마나 중요하겠습니까! 첫인상에 따라서 복음제시의 가능여부가 결정된다해도 과언이 아닙니다. 과거와 다르게 현대는 지성과 감성이 매우 풍부한 시대입니다. 과거에는 사람들이 조금 무례하고 막무가내여도 체면상 관계상 동참 해주고 이야기를 들어주려 했다면 현대의 사람들은 결코 그렇지 않습니다. 개성이 뚜렷하고 나름대로의 높은 수준이 보편화되어 있어 자신들의 기호에 맞지 않으면 언제든지 과감하게 만남을 단절해 버립니다. 그러기에 대인관계의 처세술이 학문으로 등장하고 세일즈 맨의 고객접촉에 대한 이론이 연구되어 많은 영역에서 적용되고 있는 것이 현실이 아닙니까!

돌아보면 과거에는 능력전도가 강세를 이루었습니다. 다시 말하면 전도를 나갈 때 인간적인 기술보다는 충분한 기도를 통해 성령의 도우심을 얻고 강력한 자신감으로 주도적인 복음제시, 즉 일방적인 복음제시를 전도대상자에게 행하였습니다. 그리고 많은 사람은 그 강력함에 눌려 예수 그리스도를 영접하고 교회로 나아왔습니다. 지금도 이 능력전도는 성령안에서 지속적으로 행하여지고 있음이 사실입니다.

그렇지만 현대에 와서는 관계중심전도가 대세입니다. 일방적이고 강압적인 능력전도가 이성적인 사람들에게 많은 거부감을 일으키게 된 것입니다. 자신들의 인격과 상황을 무시하고 원치도 않는 때에 원하지도 않는 내용을 들어야 할 이유가 없음을 강하게 어필하기 시작했습니다. 복음을 전하는 입장에서는 하나님의 뜻과 사랑을 모르는 불량한 태도이지만 전도대상자 입장에서는 극히 타당하고 자연스러운 자기사랑이요 자기보호인 것입니다.

이제 나름대로 지성의 훈련을 통해 자기보호력이 강화된 사람들에게 복음을 제시하는 것은 영적이며 육적인 모든 영역의 훈련을 필요로 합니다.

그러므로 성령 안에서 강력한 기도와 은사로 무장하고 세상으로 나가 담대히 복음을 전하는 것은 전제된 내용이요, 이차적이며 비주얼영역이지만 전도대상자를 접촉하는 방법도 예의있게 성숙하게 다듬어야 하는 것입니다. 이제 접촉의 중요성에 대한 더 이상의 설명은 불필요할 것입니다. 그렇다면 어떻게 전도대상자와 접촉할까요?

접촉론의 관문은 크게 두 가지로 나눌 수 있습니다.

축호전도를 한다면 문이 닫혔을 때와 문이 열렸을 때이고, 노방전도라면 스쳐지나가는 사람에게 첫 대화를 무슨 말로 할 것인가의 문제입니다. 더나아가 잘 아는 이웃일 때는 어떻게 대화를 풀어 그들의 마음을 여느냐의 문제입니다.

첫째, 문이 닫혔을 때입니다.

둘째, 문이 열렸을 때입니다.

셋째, 길에서 대화를 틀 때입니다.

넷째, 가까운 이웃을 방문하여 대화를 열 때입니다.

위 상황을 다른 각도에서 분류해 보면 아는 사람과 모르는 사람의 경우로 나눌 수 있습니다.

이 때에 주로 사용되는 "네 가지의 용어"가 있습니다.

첫째, 아이를 주제로 삼는 것입니다.

이것은 부성이나 모성을 자극하여 대화를 여는 것입니다.

둘째, 기호를 주제로 삼는 것입니다.

이것은 상대방의 관심거리와 호기심거리를 자극하여 대화를 여는 것입니다.

셋째, 이사를 주제로 삼는 것입니다.

이것은 환경과 여건을 자극하여 대화를 여는 것입니다.

넷째, 생수를 주제로 삼는 것입니다.

이것은 도움을 요청함으로 긍휼을 자극하여 대화를 여는 것입니다.

전도에 있어서 접촉은 신비로운 체험 중에 하나입니다. 사람과 사람 사이에 관계가 열린다는 것은 얼마나 아름답고 신비스럽습니까! 특히 영원한 생명을 위해 마음을 열게하는 접촉은 가장 위대한 창조요 가장 따스한 회복입니다. 전도에 있어서의 접촉은 대상을 선별하거나 선택하지 않는 것을 전제로 합니다. 즉 남녀노소 빈부귀천을 막론하고 누구든지 만나야 하고 대화해야 합니다. 심지어는 마음과 삶에 오래된 앙금이 남아 있는 사람까지도 복음을 위한 접촉에는 예외가 될 수 없습니다.

문이 닫혀 있을 때 사람들은 폐쇄된 마음을 갖습니다. 자신 만의 공간을 갖고 있는 것이며 자신의 세계와 재산을 지키려는 본능에 충실하고 있는 것입니다. 이런 일은 현대인에게 자연스러운 태도가 되었습니다. 겹겹이 계속되는 출입통제 시스템과 여러 개의 관건장치는 오늘날의 문화입니다. 이런 사람들을 접촉하는 일은 무척이나 쉽지 않습니다. 어떻게 전도대상자인 그들을 만날 수 있을까요?

우선 그들이 일상 속에서 경계를 풀 수 있는 일들을 생각해 봅시다. 첫째는 각종 배달원(택배원)입니다.

둘째는 검침원(점검원)입니다.

셋째는 관리원(리필원)입니다.

넷째는 방판원(설계원)입니다.

배달원 중에는 우편배달부, 신문배달원, 우유배달원, 야쿠르트 아줌마, 주문상품 배달원, 홈쇼핑 택배원 등이 있습니다.

검침원 중에는 전기 검침원, 수도계량기 검침원, 도시가스 검침원 등이 있습니다.

관리원에는 아파트 관리자, 공기청징기 관리원, 각종 전자세품

정기 관리자, 노인복지 관리사 등이 있습니다.

  방판원 중에는 화장품이나 메이크업을 중심으로 활동하는 화장품 방문판매원, 보험이나 연금 및 재산 관리 및 설계사 등이 있습니다.

  이들은 하나같이 닫혀 있는 문을 자연스럽게 엽니다. 그 이유는 간단합니다. 거주자 또는 고객의 필요를 채워주는 유익한 사람들이기 때문입니다. 그렇다면 전도자는 어떤 모습으로 그들에게 다가가야 할까요? 당연합니다. 집요하고 일방적이며 안하무인격인 자세와 외골수적인 흑백논리의 종교인의 모습은 절대사절입니다. 성령께서 나를 도우시니 반드시 역사가 일어날 것이다는 믿음으로 전도대상자를 무시한 채 닫혀진 문을 두드리는 과거의 태도는 이제 첫관문인 아파트 정문부터 차단됨을 알아야 합니다. 순간적이고 즉각적인 결과를 얻기 위해 독재적인 리더십으로 다가가던 모습을 내려놓고 이제는 시간이 걸리고 인내가 필요한 섬김의 리더십으로 점진적인 접촉을 시도해야 합니다. 그러기에 현대의 접촉은 단계적이며 관계적일 수 밖에 없는 것입니다. 1차로 수집한 자료를 근거로 방문 대상자를 선정하고, 2차로 겸손히 방문을 통보한 후에, 3차로 예절과 에티켓 그리고 인품을 중심으로 그들의 상황에서부터 대화를 풀어가는 섬세한 섬김이 필요합니다. 계속되는 거절도 감수해야 합니다. 그렇지만 계속되는 거절은 결국 관계의 사슬을 맺는 고리가 됩니다. 계획 안에서 지속적으로 접근하는 어느날 그들은 미안한 마음을 갖게 되고 결국 양심적인 행동을 보이는 날이 오게 됩니다. 그 때 그들은 우리의 인내 만큼 감동의 폭을 넓게 갖게 될 것입니다.

접촉을 위한 전도편지 쓰기

또 다른 접촉에 대한 고민을 해 봅시다.

수집한 전도대상자에게 편지를 통해서 접촉해 보는 방법입니다.

일반적으로 4차례 정도 전도편지가 전달되는데 차례가 거듭됨에 따라 내용이 구체화됩니다.

1차 접촉을 위한 전도편지는 다음의 요소를 중심으로 작성하는 것이 좋습니다.

첫째, 동기입니다. 이 전도편지를 쓰게된 동기를 진솔하게 서술하면서 서두를 장식하는 것입니다.

예를 들어보면, "이번에 교회에서 창립기념주일을 맞이하여 한 사람씩 전도하기로 결정했는데 문득 그대가 생각나 이 편지를 쓰게 되었어". 식입니다. 너무 길지 않으면서도 읽을 때 관심을 갖도록 쓰는 것이 매우 중요합니다. 편지의 동기가 지나치게 일반적인 것도 바람직하지 않습니다. 편지는 일방적인 의사표현입니다. 그러므로 편지를 쓰게 된 동기를 분명하게 밝히는 것이 유익합니다.

둘째, 시대상황입니다. 최근에 일어나고 있는 종말적 징조들을 신문기사를 중심으로 자세히 서술하는 것입니다. 이런 시대상황 속에서 신앙의 필요성은 필수적임을 강조하는 것입니다.

예를 들어보면, 지진의 기사, 전쟁의 기사, 홍수의 기사, 화산의 기사, 남북대립의 기사 등입니다.

셋째, 근황과 질문입니다. 수신자의 근황을 묻는 것은 매우 중요합니다. 그렇지만 너무 엉뚱하게 질문해서는 곤란합니다. 좀 더 자세히 살펴보고 깊은 관심으로 염려하는 모습이 분명히 나타나야 합니다. 따라서 편지로 접촉을 시도할 때는 매우 섬세한 글쓰기가 필요합니다. 일반적으로 건강의 문제, 자녀의 문제, 경제적인 문제 등을 묻는 것이 자연스럽습니다.

넷째, 나의 간증입니다. 이 전도편지의 간증은 한 평생의 간증을 서술하는 것이 아닙니다. 생활속에서 최근에 일어난 아주 간단하면서도 깊은 감동을 줄수 있는 자연스러운 간증입니다. 간증의 형식은 이렇습니다. 먼저 최근에 나에게 문제가 되었던 상황을 서술합니다. 그 다음 하나님께서 그 문제 속에 개입하셔서 놀랍게 역사하셨던 상황을 흥미있게 그러나 과장없이 전개합니다. 마지막으로 나의 변화된 상황을 서술하면 됩니다.

다섯째, 약속 요청입니다. 편지의 말미에 언젠가 가까운 시일 내에 한번 꼭 만나자는 약속을 요청합니다. 이것은 방문을 위한 열쇠입니다.

여섯째, 2차 편지약속입니다. 다음에 다시 한번 편지를 쓰겠다고 약속하는 것입니다. 사실 여러차례 편지를 써야 그 중에 하나를 보게 되고 그 편지의 내용이 진솔하게 느껴지면 다음 편지를 기다리게 되는 것 같습니다.

일곱째, 축복 결어입니다. 마지막으로, 편지를 쓸 때 풍성한 축복의 말로 편지를 끝맺는 것입니다. 너무 화려하지도 않게 그러나 너무 메마르지도 않게 써야 합니다.

여덟째, P.S.입니다. 중요한 내용이나 강조하고 싶은 내용이 있으면 다시 한번 언급하고, 혹 빠진 내용이나 알리고 싶은 내용이 있으면 애교스럽게 추가로 씁니다.

2차 접촉을 위한 전도편지는 다음의 요소를 중심으로 작성합니다.

첫째, 반응입니다.

실용주의가 만연한 요즘 편지를 쓴다는 것 자체가 사실 비실용적이라 생각할 수 있습니다. 빠르게 문자나 메일을 보내는 것이 훨씬 유용하다고 생각하는 시대이기 때문입니다. 그러나 인간은 때로 격식과 감성을 매우 소중하게 생각합니다. 아무리 바쁜 시대라도 격식을 지나치게 무시하면 인간이 누려야 할 존엄성과 신성함은 깨지고 사라집니다. 편지는 향수가 있습니다. 그리고 서정적이며 감정을 담고 있습니다. 또한 실용성보다는 관계성과 의미성을 더욱 느끼게 합니다.

1차 접촉을 위한 전도편지를 발송한 후 1주일 후에 2차 접촉을 위한 전도편지를 보낼 때 가장 우선해야 할 서두는 첫째, 반응을 자문사납하는 것입니다.

갑자기 지난 번 편지를 받고 당황하지는 않았는지, 마음에 부담은 없는지, 우리의 관계에 새로운 느낌을 갖지는 않았는지 등의 반응을 묻습니다. 또한 나는 편지를 보내 놓고 마음이 떨렸다든지, 매일 같이 기도했다든지, 자꾸 전화를 쳐다보며 기다리게 되더라든지, 혹시 부정적으로 거절하면 어떻게 할까 하는 마음의 걱정이 생겼다든지 등의 반응을 언급합니다.

둘째, 중보입니다.

1차 접촉을 위한 전도편지에서는 시대적 상황을 언급하였지만 2차에서는 어떠한 시대적 상황 가운데서도 나는 상대방을 위해 기도하고 있다는 중보의 내용을 쓰는 것입니다. 중보의 내용은 크게 세 가지로 자연스럽게 씁니다. 하나는 예수 그리스도의 중보입니다. 예수님은 모든 인생에 대해서 하나님 우편에서 오늘도 기도하고 계신다는 내용입니다. 또 하나는 성령의 중보입니다. 성령님은 하나님의 거룩한 영으로서 말할 수 없는 탄식으로 친히 우리를 위해 간구하신다는 내용입니다. 마지막은 나의 중보입니다. 내가 상대방을 위해 사랑의 마음으로 늘 생각하며 기도하고 있다는 내용입니다. 중보는 능력입니다. 그러므로 중보의 중요성을 자연스럽게 가르치는 것입니다.

셋째, 복음의 1차내용입니다.

복음의 1차 내용은 "천국은 값없이 주는 선물"입니다. 이 내용을 자연스럽게 편지에 풀어 설명하면 됩니다. 천국이 무엇인지, 선물이 무엇인지, 값없이 준다는 것이 무엇인지를 편안한 어투로

서술해 나갑니다.

예를 들면 "천국은 영생을 의미하며 또한 구원을 뜻합니다. 영생과 구원은 오직 하나님 만이 주실 수 있는 것입니다. 하나님께서는 이것은 모든 인생들에게 선물로 주셨습니다. 우리가 구원을 얻었나니 이것은 우리에게서 가능한 것이 아니요 하나님의 선물이라 행위에서 난 것이 아니니 이는 아무도 자랑치 못하게 하려 함"임을 깨우쳐 주는 것입니다. 깊은 설득과 이해를 섬세하게 구하는 부분입니다.

넷째, 절대신앙을 고수할 수 밖에 없는 간증입니다.

상대방에게 내가 왜 예수를 믿게 되었는지를 자연스럽게 간증하는 것입니다. 서론적으로는 예수 믿기 전의 나를 쓰고, 본론적으로는 예수를 믿게 되는 순간을 쓰며, 결론적으로는 예수 믿은 후의 나를 아주 분명하게 논리적으로 설명하는 것입니다. 예수 그리스도를 믿고 분명한 체험이 있어 이제는 행복한 삶을 살고 있음을 제시하는 것입니다.

다섯째, 약속 요청입니다.

여섯째, 3차 편지약속입니다.

일곱째, 축복 결어입니다.

여덟째, P.S.입니다.

이상은 1차 전도편지를 쓸 때와 같습니다.

3차 전도편지는 복음의 2차 내용을 다루고, 4차 전도편지에서는 복음의 3차, 4차 내용을 다루게 됩니다. 결국 전도편지가 계속 전달되는 과정에서 만남이 이루어지고 결신을 위한 복음제시인 전개론이 펼쳐집니다. 전개론과 등록론은 현장 실습의 문제임으로 추후에 다루려고 합니다.

| 제3장 |
심방
이야기

제3장
심방이야기

 교회를 개척한 목회자에게 가장 큰 목표는 교회의 자립과 성장입니다. 이를 성취하기 위해 많은 목회자들이 거의 모든 삶을 교회 사역에 투여합니다. 그러나 교회의 자립과 성장은 목회자의 마음과 행동만 갖고 이루어지는 것이 아니기에 많은 고민과 아픔이 있습니다.

 그렇다면 작은 교회가 자립하는데 가장 필요한 목회자의 행동사역(생활사역)은 무엇일까요?

 여기에 현실적이면서 실제적인 두 가지 사역이 있는데 그 하나는 지금까지 언급했던 전도의 전개(실천)이고, 다른 하나는 심방입니다. 이 두 가지는 불신자 영혼에 관심을 집중하여 중생케 하는 매우 중요한 과정입니다.

 앞에서 교회를 세우는 일은 목회자의 절대적인 사역이고 이 사역의 첫발은 전도에서 출발함을 계속 언급한 바 있습니다. 목회자가 전도에 관심을 갖고 불신자를 만나 복음을 전파하여 그를 교회 공동체에 속하도록 인도한 후, 다음 단계에서 필히 이행해야 하는 요소가 바로 심방입니다.

심방은 방법에 따라 문자심방, 전화심방, 편지심방, 방문심방, 상담심방 등으로 나눌 수 있는데 그 중 전도된 영혼을 훈련하고 제직으로 세우는 가장 중요한 심방은 방문심방과 상담심방입니다.

방문심방

먼저 방문심방을 어떻게 하는 것이 좋은지 10가지로 나누어 살펴보겠습니다.

방문심방은 전도된 심방대상자를 찾아가 만나서 일정한 시간동안 구체적으로 교제하면서 진행됩니다. 이 교제는 예배와 대화로 이루어집니다. 그러므로 내용과 방법 그리고 시간관리는 철저한 원리에 따라 행해져야 합니다.

첫째, 방문심방은 '개별화' 되어야 합니다.

방문심방은 대상이 분명합니다. 여러 명을 동시에 만나는 것이 아니라 한 명 또는 한 가정입니다. 그러므로 그 대상자의 모든 상황에 집중해야 합니다. 일반적으로 그 심방대상의 영적인 수준이 어떤지, 가정형편은 어떤지, 마음의 상처는 무엇인지, 현재 어떤 일을 하고 있는지, 앞으로의 진로방향은 어떤지 등을 살펴 그에게 필요한 내용을 나누어야 합니다. 예배를 드릴 때도 대화를 나눌 때도 주제는 변하지 않습니다. 설교의 본문도 내가 하고 싶은 본문을 선택하여 전하는 것이 아니라 대상자의 수준에 맞는 본문 말씀을 선택하여 전해야 합니다.

일반적으로 목회자는 심방할 때 두 가지를 간과합니다. 그 하나는 전도된지 얼마되지 않은 영혼에게 어려운 본문과 전문용어를 자신도 모르는 사이에 사용한다는 점과 또 다른 하나는 심방대원을 의식하여 모두에게 해당되는 본문을 선택하곤 한다는 점입니다. 이것은 매우 어리석은 행동입니다. 초등학생에게 중등부나 고등부의 교재를 사용하는 것과 같은 일이기 때문입니다. 하루에 열 명의 초신자에게 방문한다 할지라도 열 번 모두 같은 본문을 사용할 수 있어야 합니다. 그리고 심방대원을 의식한 설교의 변형은 불필요합니다.

둘째, 방문심방은 '단계화' 되어야 합니다.

방문심방은 양육적 성격을 갖고 있어야 합니다. 그래서 매우 중요합니다. 한 번 만날 때마다 단계적으로 지도하고 양육하는 것입니다. 신학적인 부분과 신앙적인 부분을 잘 조화시켜 체계적이고 단계적으로 가르쳐야 합니다. 일반적으로 새신자 성경공부를 통해서 양육하지만 그 보다 더 중요한 것은 방문심방에서 이루어지는 양육입니다. 왜냐하면 개별성의 특성을 갖고 있기 때문입니다.

방문심방이 가정교육이라면 새신자 성경공부는 학교교육인 셈입니다. 그러므로 방문을 할 때마다 단계적인 양육교재를 만들어 사용하는 것이 현명합니다.

셋째, 방문심방은 '임재화' 되어야 합니다.
방문심방은 성도 간에 교제를 위해 찾아가는 어른들의 마실이나 젊은이들의 써클모임 그 이상입니다. 다시 말해서 방문심방의 우선적인 목적은 심방을 하는 사람과 받는 사람이 하나님의 임재를 경험하는 것이어야 합니다. 수직적인 만남이 이루어진 후 수평적인 만남이 이루어질 때 참된 의미의 영적인 심방이 되는 것입니다.

구약이나 신약에서 하나님의 현현이나 임재의 상황을 살펴보면 매우 중요한 요소가 있는데 대부분은 매우 엄위한 분위기 속에 나타나신다는 점입니다. 빽빽한 구름 가운데서, 찬란한 빛가운데서, 우뢰와 번개 가운데서 임재하십니다. 이것은 하나님에 대한 인간의 마음과 태도를 준비시키기 위한 초기과정이요 세속을 단절하는 예전입니다. 그러므로 방문심방이 시작될 때 꼭 필요한 요소는 하나님의 임재화 현상을 준비하는 것입니다. 심방을 받는 사람은 심방을 받는 장소를 거룩하게 준비하고, 심방을 하는 사람은 심방대원과 함께 임재의 분위기를 정성껏 조성해야 합니다.

분위기는 모든 예배와 예전에서 매우 중요한 영역을 차지합니다. 동기가 순수한 인위적인 요소는 경건의 태도와 환경이 되고 그 결과 더 많은 체험을 가능케 합니다. 경건한 분위기 속에서 심방예배가 진행될 때 심방을 받는 가정에만 개별화되어진 말씀은 스폰지에 물이 흡수되듯 심방을 받는 사람의 영혼과 마음에 놀라운 은혜가 스며듭니다.

그렇다면 구체적으로 임재화 분위기를 어떻게 만들어야 할까요?

그 원리는 간단합니다. 심방대원으로 하여금 미리 준비케 하면 됩니다.

우선 심방가정에 들어가서 전도할 때와 같이 방해요소를 제거하도록 지시합니다. 심방가정에서 예배를 드릴 때 예배를 방해하는 많은 요소들이 등장할 수 있습니다. 이런 것들을 대원들이 미리 제거하는 것입니다. 이 제거의 과정은 심방을 받는 사람과 함께 진행되는데 그 때 심방을 받는 사람의 마음도 철저히 준비되는 것입니다.

다음으로 개인대표기도보다는 통성합심기도를 많이 사용하는 것입니다. 방문심방에서 심방대원 중에 한 사람이 대표기도를 할 때 그 내용과 태도에 따라 영적인 분위기는 위기를 맞을 수도 있습니다. 기도는 하나님께 드리는 것이지만 그 기도를 사람들이 듣기 때문에 사실 심방대표기도는 개별화에 따른 목회적인 기도가 되지 않으면 오히려 방문심방의 목적에 장애를 줄 수도 있습니다. 그 만큼 대표기도는 준비되어져야 하고 섬세해야 합니다. 따라서 통성합심기도를 함으로써 가정 안에서의 예배분위기가 실제적으로 영적인 현상을 일으키게 되고 더 나아가 풍성한 역사를 나타냅니다.

　마지막으로 안수기도를 하는 것입니다. 심방받는 사람의 머리 또는 어깨에 손을 얹고 정성을 다해 임재안수기도, 치유안수기도, 은사안수기도, 응답안수기도 등을 행하는 것입니다. 이 때의 안수기도는 심방대상자에게 미리 안내를 하고, 안수기도자는 부드러우면서도 매우 강력하게 해야 합니다. 또한 약간은 크고 길게 하면서 구체적으로 해야 합니다.

　넷째, 방문심방은 '회복화' 되어야 합니다.
　심방은 일반적으로 모든 성도에게 행합니다. 신앙생활을 정상적으로 잘하고 있는 사람에게도 하고, 신앙생활을 바로 하지 못하는 사람에게도 하며, 신앙생활을 중단한 사람에게도 합니다. 일반적으로 위의 세 경우 중에 대부분 두번째 경우에 초점을 맞추곤 합니다. 그러나 보다 효과적인 심방은 세 경우 모두 성실히 행하는 것이 좋습니다. 물론 방문심방을 할 때 세 경우를 모두 비슷하게 해서는 안됩니다. 신앙생활을 잘하고 있는 사람에게는 칭찬하고 비전을 제시하여 다음 단계를 준비하도록 하는 심방을 하고, 신앙생활을 바로 하지 못하는 사람에게는 반복적인 복음제시와 내적치유의 시간을 구체적으로 갖는 것이 좋습니다. 그로 인해 다시 회복시켜야 하기 때문입니다. 신앙생활을 중단한 사람에게는 그들의 일반생활과 최근 자신의 교회생활을 편안하게 대화하며 기도의 제목을 찾는 것이 중요합니다. 결국은 모든 심방이 더 나은 곳으로 나아가는 회복의 특성을 가져야 합니다.

그러나 일반적으로 심방은 즉흥적인 방문과 짧은 예배 그리고 풍성한 식사와 긴 교제를 연상합니다. 이와같은 상황이 되면 주객이 전도된 심방이 되고 맙니다. 오히려 심방에 대한 이미지가 추락하고 심방대원에 대한 거부감을 표출하게 됩니다. 그러므로 세 경우 어떤 것이든 심방은 회복에 초점을 맞추어 신선함을 잃지 않아야 합니다.

다섯째, 방문심방은 '결단화' 되어야 합니다.

심방은 성도의 영적인 상태를 파악하는 점검차원을 뛰어넘어 새로운 발전을 목적으로 함이 당연합니다. 그러기 위해서는 심방의 내용이 진행되는 과정에서 새로운 결단이 요구되어야 합니다. 새로운 결단은 심방을 받는 사람이 전혀 생각지 못했던 내용일수록 좋습니다. 왜냐하면 자신을 향한 하나님의 매우 깊은 관심을 느낄 수 있는 시간이기 때문입니다. 잘하는 사람에게 단순히 잘한다고 넘어가면 그에게 큰 도전을 주지 못하고 특히 목회자에 대한 거룩한 놀라움과 긴장이 줄어 들게 됩니다. 또한 잘 하지 못하는 사람에게 지시하고 명령만 한다고 하면 그 사람은 그 자리에서는 참고 있지만 나중에는 큰 반항심을 표출하게 됩니다. 그러므로 매 심방마다 구체적인 자료를 수집하고 묵상을 통해 새로운 영역으로 나아갈 수 있도록 결단을 도와야 합니다.

여섯째, **방문심방은 '제단화' 되어야** 합니다.

구약성경 창세기를 읽어보면 믿음의 조상인 족장들의 이야기가 나옵니다. 그들은 한결같이 이주하는 곳마다 그곳에서 여호와의 이름을 부르고 제단을 쌓았습니다. 하나님은 이 제단의 예배를 받으시고 그들에게 복을 주시며 주변 족속들의 위험으로부터 보호해 주셨습니다. 이와같은 내용을 옛 이야기로만 취급할 수 있을까요? 결코 그럴 수 없습니다. 어느 시대나 가정에서의 예배는 소중합니다. 모든 예배의 시작이 되기 때문입니다. 그러므로 심방사역자는 가정을 방문했을 때 그 가정으로 하여금 하나님의 축복의 통로가 되게 해야 합니다. 인간의 상황에 초점을 맞추어 형편을 개선해 달라는 방문기도회의 성격을 뛰어넘어 하나님을 절대적으로 찬양하고 경외하도록 주기적이고 반복적으로 시행해야 합니다.

최근에 많은 목회자들의 목회관이 바뀌고 있습니다. 찾아가는 목회에서 찾아오는 목회로 그 패러다임을 바꾸는 것입니다. 패러다임의 변화 중에 가장 큰 변화의 이유를 시간의 효율성과 교육성에 두고 있습니다. 그러나 시간의 효율성과 교육성보다 더 고려해야 할 것은 강림성과 전체성입니다. 무슨 말입니까? 효율성과 교육성이 심방을 받아야 할 대상에 초점을 맞추고 있다면, 강림성과 전체성은 심방을 주관하는 신적인 권위에 초점을 맞추고 있습니다. 그러므로 심방을 받을 성도가 바빠서 만날 시간을 정하기 어렵고 또한 방문시간이 많이 걸림으로 효율성이 떨어진다는 점에 너무 많은 비중을 두어서는 안됩니다. 또한 찾아가는 것은 성도들에게 수동적인 신앙생활을 습관화시킨다는 점을 강조하곤 합니다. 따라서 그들을 교회로 부름으로 능동적인 신앙생활의 습관화를 교육하고 훈련한다는 것입니다. 그러나 결코 간과해서는 안될 의식이 있습니다. 그것은 찾아오는 것은 자신들의 의지적인 요소가 매우 중요합니다. 그렇지만 찾아가는 심방은 받는 자 입장에서 더 중요한 절대성을 훈련하게 합니다. 무슨 뜻일까요? 심방사역자의 찾아감은 사람의 방문 그 이상의 신적인 강림을 의미하며, 찾아감은 심방을 원하는 자나 원하지 않는 자나 모두에게 해당되는 전체적 성격을 갖는 것입니다. 그러므로 모든 성도의 가정은 방문심방을 받음으로, 그 집이 하나님을 모시는 가정으로 제단화되어야 합니다.

일곱째, 방문심방은 '복음화' 되어야 합니다.
한국교회를 구성하고 있는 성도의 비율을 보면 2/3 이상이 여성입니다. 이는 가정의 복음화율, 인간구원율이 높지 않다는 것을 의미합니다. 가정의 구성원 전체가 예수 그리스도를 영접하여 함께 교회공동체를 이루어가고 있다면 이보다 더 아름답고 복된 일은 없지만 그것은 언제나 홀로 신앙생활을 하는 여성에게는 소망이요 꿈일 때가 많습니다. 이런 문제를 해결하기 위해 여성 성도들은 계속해서 기도하고 하나님께 눈물로 매달립니다. 또한 교회의 능동적인 개입과 활동을 기다리고 있습니다.
최근 가정의 복음화를 위해 많은 교회들이 여러 종류의 선교회를 조직하고 믿지 않는 남편들을 전도하려 합니다. 예를 들면, 축구선교회, 탁구선교회, 골프선교회, 족구선교회, 동업종 직장선교회, 불신자 남편선교회, 사추기 선교회, 중년위기 선교회 등이 그것입니다. 남자들이 쉽게 교제할 수 있는 운동에서부터 자신들에게 찾아오는 중년의 아픔을 함께 나누고자 하는 친교모임까지 다양하게 조직되고 있습니다. 이는 가정을 구원하기 위한 여성 성도들과 교회와의 연계적인 전략입니다. 물론 믿지 않거나 출석하지 않는 자녀에 대한 문제도 매우 심각한 상황임은 두말할 나위도 없습니다. 그러나 우선 남편을 영적인 동반자로 부르고 그 후 함께 온 가족을 구원하려는 점진적인 노력은 매우 귀한 것임에 분명합니다. 이와같은 조직들도 찾아 오게하는 형태입니다. 따라서 방문심방을 어떻게 효율적으로 시행하여 믿지 않는 가장, 출석하지 않는 가장에게 복음을 전할 것인가는 매우 중요한 복음화 사역입니다.

여덟째, 방문심방은 '양육화' 되어야 합니다.
성경에서 '심방' 이란 단어를 찾아보면 신약에 한번 나옵니다. 반면 비슷한 의미의 '문안' 이란 단어는 빈번히 등장합니다. 심방이나 문안의 공통점을 찾아보면 몇 가지의 특징이 나타납니다. 첫째는 복음과 연관되어 찾아간다는 점, 둘째는 상황과 연관되어 찾아간다는 점, 셋째는 성장과 연관되어 찾아간다는 점입니다.
구체적으로 그 내용을 정리해 보면 복음을 전할 때 연보에 관한 것, 다른 복음과 맞서 진리를 수호하도록 격려하기 위한 것, 질병으로 고생하거나 환난을 당할 때 위로하기 위한 것, 신앙생활이나 공동체에 문제가 발생했을 때 처리하기 위한 것, 연약한 믿음을 견고히 하기 위한 것 등입니다.

심방이나 문안은 특히 바울의 사역에 있어서 많이 등장하는데 그는 전도한 자들에 대해 아비나 유모의 자세를 가지고 양육할 목적으로 방문을 시도하고 또 권장하고 있습니다.

작은교회 목회자들도 마찬가지입니다. 대부분의 성도가 초신자임을 감안할 때 그들을 찾아가 아주 쉬운 것부터 어려운 것까지, 아주 부드러운 것부터 딱딱한 것까지 소화하도록 양육하는 심방을 주기적이고 반복적으로 해야 합니다. 가장 중요한 양육은 복음의 확신과 생활의 구별화입니다. 예수 그리스도에 대한 확실한 신앙고백과 옛 생활을 버리고 거룩한 새 생활을 할 수 있도록 심방을 통해서 점진적으로 양육해야 하는 것입니다.

구체적으로 말하면 복음의 확신과 믿음의 성장은 심방의 단계화라 할 수 있고, 옛 생활을 버리고 거룩한 새 생활을 하는 것과 각 종 시험이나 문제 앞에서 승리해 나가는 것은 심방의 양육화라 할 수 있습니다.

아홉째, 방문심방은 '교제화' 되어야 합니다.

사랑은 지속적인 만남에서 이루어집니다. 부모가 자녀를 출산한 후 아무리 바쁘고 급한 일이 있어도 제일 우선하는 것은 자녀의 곁을 떠나지 않는 것입니다. 나약한 자녀 옆에서 지속적으로 돌보기 때문에 자녀는 부모에 대해 깊은 정을 느끼고 결국 절대시하게 됩니다. 영적인 일도 동일한 원리를 갖고 있습니다. 목회자는 성도에 대해 부모의 심정을 가져야 합니다. 혹자는 말하기를 "목회자는 성도와 너무 멀어서도 안되고 너무 가까워서도 안된다"라고 말합니다. 어떤 의미에서는 그럴 필요도 있을 것입니다. 그러나 참된 교제는 더 가까울 때 완성됩니다. 예수 그리스도는 제자와 늘 함께 하셨습니다. 동고동락, 먹고 마시고 모든 것을 함께 하시면서 교제하셨던 것입니다. 깊은 교제는 사랑으로 이어지고 사랑은 허다한 허물과 죄 그리고 약점을 덮습니다. 더나아가 모든 단점을 보완하고 장점과 강점을 소유한 인물을 만들어 냅니다. 그러므로 형식적인 종교행위로써의 심방이 아니라 마음과 삶을 모두 열어놓고 주 안에서 솔직한 교제를 나누는 심방이 되도록 힘써야 합니다.

마지막 열째, 방문심방은 '소그룹화' 되어야 합니다.
방문심방은 언제나 목회자의 몫일 수는 없습니다. 목회자는 일정한 시기가 되면 양육한 성도를 데리고 초신자를 심방하여 돌보도록 넘겨주며 맡겨야 합니다. 따라서 양육된 성도는 평신도목자가 되어 자신에게 주어진 초신자들을 일대일로, 또는 일대 다수로 만나 지속적인 관계를 맺고 양육해 나가야 합니다. 그 관계는 신앙 안에서 가족적인 유기체를 만드는 것입니다. 교회는 그리스도의 몸이며 성도는 몸의 각 지체입니다. 모든 지체는 소그룹 속에서 활동하고 대그룹으로 활동을 넓혀갑니다. 어렸을 때는 가정에서 배우고 준비하다가 성장해서는 사회로 진출하는 것처럼 성도도 소그룹 가정에서 배우고 자란 후 대그룹 사회에서 자신에게 주어진 사역을 아름답게 펼쳐가야 합니다. 그러므로 소그룹 사역은 매우 중요합니다. 소그룹에서 성장을 경험하지 못하면 대그룹으로 나갈 수 없습니다. 따라서 방문심방은 소그룹을 맺어주기 위한 조직적이고 체계적인 프로그램이 되어야 합니다.

다른 심방들

이제 문자심방, 전화심방, 편지심방, 그리고 상담심방을 간략히 살펴봅시다.

문자심방은 가깝고 친근한 자에게 간단한 내용으로 문안 및 안내하는 심방입니다. 조심할 것은 지나친 문자기호를 사용하거나 같은 내용을 여러 사람에게 동시에 전송하는 것입니다. 부득이 전송해야 할 안내의 문자라면 예외일 수 있으나 안부를 묻는 문자나 특정한 내용을 질의할 때는 같은 상황에 처해 있는 분들이라도 각각 다르게 작성한 문자로 전송하는 것이 옳습니다. 특히 전송하는 시간 때도 약간은 고려함이 지혜롭습니다.

전화심방은 가깝거나 친근한 자 외에도 낯선 자나 그 누구에게도 가능한 심방입니다. 특히 고려해야 할 사항은 목소리와 표현법과 내용으로 심방의 느낌이 달라지기 때문에 많은 에티켓이 필요합니다. 말의 크기와 속도와 밝기와 내용을 미리 정하고 일정한 시간 내에 마쳐야 합니다. 전화를 받는 상대방이 어떤 상황에 있는지 고려함과 동시에 곤란한 경우는 다음을 약속하되 반드시 그 약속 시간을 지켜야 합니다.

편지심방은 가깝지 않은 자나 오해가 있는 자 또는 만나기 어려운 자에게 사용할 수 있습니다. 일방적이란 면에서 매우 섬세하게 작성함이 좋습니다. 문자에 비해 문장이 길 수 있음으로 읽는 자가 여러 각도로 해석할 수 있다는 점도 잊어서는 안됩니다. 그러므로 매우 구체적으로 전개해 나가야 합니다. 최근에는 편지를 쓰는 일이 많지 않습니다. 따라서 더 값진 효과를 발휘할 수 있습니다. 물론 컴퓨터를 통해 작성할 수도 있지만 가급적이면 친필로 작성하는 것이 좋습니다.

끝으로 상담심방은 장소에 자유로움이 있으며 방문의 목적이 분명하고 시간의 안배가 전제된 치유적인 만남입니다. 심방을 받는 자는 심방을 하는 자에 대하여 절대적인 마음을 어느 정도는 갖고 있기 때문에 관계와 변화를 가능케 하는 심방입니다. 상담심방에서 반드시 기억해야 할 사항은 경청입니다. 많은 경우에 상담심방자는 상담을 받는 자에게 지식을 전하고 삶의 방향을 수정해 주려고 많은 말을 합니다. 그러나 그런 행동보다 먼저 전제해야 할 사항은 진지한 경청입니다. 상담심방을 받는 자는 경청을 통해 이미치유와 변화를 경험할 수 있기 때문입니다.

| 제4장 |
성공
이야기

인생

현대를 살아가는 모든 사람이 갖추어야 할 가장 중요한 것 두 가지가 있습니다. 하나는 '아는 것'이고, 또 하나는 '행하는 것' 입니다. 모르면 행할 수 없고 알아도 행하지 않으면 오늘의 사회는 그 사람을 인정하지 않습니다. 그런데 현대인들은 넘쳐나는 정보를 통해 대량의 지식을 알고 있다고 하면서도 정작 잘 모르거나 지나치는 것 중의 하나가 '자기 자신' 입니다. 현대에 있어서 가장 무서운 것은 자기를 모르는 '무지' 입니다. 왜냐하면 현대는 자기 자신에게서 출발하는 개인 중심의 사회이기 때문입니다.

그러므로 이 시대를 살아가는 크리스천들이 자신을 잘 모르고, 남도 모르고, 하나님도 제대로 알지 못하는 것은 참 불행한 일입니다. 결국 모른다는 것은 최고의 저주가 될 수 있습니다. 오죽하면 아는 것이 힘이라고 했겠습니까?

따라서 현대인이 자신을 객관화시키는 자기 이해에 무지하면 자신밖에 모르는 안하무인(眼下無人)이 되는 것입니다. 결국 자기 밖에 모르고 엉뚱한 행동을 반복하면서 서서히 사회로부터 소외당하는 수모를 겪게 됩니다.

반대로 자신에 대해서나 모든 일에 대해서 많이 알면 지나친 판단으로 오히려 나약해질 수도 있지만, 실수를 줄일 수도 있습니다. 다시 말해서 너무 많은 것을 알면 이것저것 걸리는 게 많아서 소심해지는 경향이 있지만, 무지해서 문제를 일으키는 것보다는 훨씬 낫습니다. 그래서 알아야 하고, 아는 것을 어떻게 용기 있게 행할 수 있는지 그 이야기를 하려고 합니다.

사람은 태어날 때 아는 것이 없습니다. 모태를 통해 부분적 지식이 잠재적으로 내재되어 있지만, 그것은 아는 것이라고 말할 수 없습니다. 잠재되어 있는 것이 출생 이후 계발되어 의식의 세계로 나오는 것을 우리는 '아는 것'이라고 말할 수 있기 때문입니다. 중요한 것은 내가 태어난 후에 얼마나 알아 가느냐 그것이 문제입니다. 놀랍게도 현대인들은 참 많이 알아가는 데 성공했습니다. 그러나 더 큰 문제는 '행하지 않는다'는 것입니다. 서로 대화하는 것을 가만히 들어 보면 '다 안다'고 하면서 정작 행동은 하지 않습니다. 그래서 아는 것으로부터 행하는 것으로 나아가는 것이 현대인의 가장 큰 숙제입니다.

어떤 학설이나 견해 또는 이론을 설(說)이라고 하는데, 어떤 설을 주장할 때 가장 먼저 해야 될 것이 있습니다. 그것은 핵심단어의 '정의' 입니다. 정의를 잘 내려놓고 그 문제를 잘 풀어가야 합니다. 이제 우리가 고민해야 하는 것은 아는 것에 대한 바른 '정의' 입니다. 정의를 제대로 내려야 그 다음 단계에서 바로 행할 수 있기 때문입니다.

그렇다면 오늘 여기서 우리는 먼저 '인생' 이 무엇인지, 인생 중에서도 '신앙인생' 이란 무엇인지 정의를 내려야 하겠습니다. 그후 '성공' 과 '프로그램' 에 대한 정의를 내리고 구체적인 설명을 통해서 세부 내용들을 실천해 나가도록 적용해 보겠습니다.

1. '인생' 이란 무엇인가?

'인생' (人生)이란 단어를 한자의 의미로 살펴보면 '사람이 살아 있다' 는 뜻이요, 사전적 의미로는 '생명을 가진 사람', 즉 '살아 있는 사람' 입니다. 그러니까 다시 말해 인생은 '생인' (生人)이라고도 표현할 수 있습니다. 중요한 개념입니다. 한 사람이 태어난 뒤 죽기 직전까지 갖게 되는 유한의 시간 즉, 기회가 인생인 것입니다. 그냥 주어진 시간이 아니라 기회로 주어진 시간이라는 것입니다. 인생은 모두에게 기회입니다. 그 기회는 태어나서 죽기 직전까지만 주어지는 유한하면서도 특별한 차별적 기간이라는 말입니다.

"내가 내 마음으로 깊이 생각하기를 내가 어떻게 하여야 내 마음을 지혜로 다스리면서 술로 내 육신을 즐겁게 할까 또 내가 어떻게 하여야 천하의 인생들이 그들의 인생을 살아가는 동안 어떤 것이 선한 일인지를 알아볼 때까지 내 어리석음을 꼭 붙잡아 둘까 하여(3절) 나의 사업을 크게 하였노라 내가 나를 위하여 집들을 짓고 포도원을 일구며(4절) 여러 동산과 과원을 만들고 그 가운데에 각종 과목을 심었으며(5절) 나를 위하여 수목을 기르는 삼림에 물을 주기 위하여 못들을 팠으며(6절) 남녀 노비들을 사기도 하였고 나를 위하여 집에서 종들을 낳기도 하였으며 나보다 먼저 예루살렘에 있던 모든 자들보다도 내가 소와 양떼의 소유를 더 많이 가졌으며(7절) 은 금과 왕들이 소유한 보배와 여러 지방의 보배를 나를 위하여 쌓고 또 노래하는 남녀들과 인생들이 기뻐하는 처첩들을 많이 두었노라(8절) 내가 이같이 창성하여 나보다 먼저 예루살렘에 있던 모든 자들보다 더 창성하니 내 지혜도 내게 여전하도다(9절) 무엇이든지 내 눈이 원하는 것을 내가 금하지 아니하며 무엇이든지 내 마음이 즐거워하는 것을 내가 막지 아니하였으니 이는 나의 모든 수고를 내 마음이 기뻐하였음이라 이것이 나의 모든 수고로 말미암아 얻은 몫이로다(10절) 그 후에 내가 생각해 본즉 내 손으로 한 모든 일과 내가 수고한 모든 것이 다 헛되어 바람을 잡는 것이며 해 아래에서 무익한 것이로다(11절).

전도서 2장의 내용을 보면 솔로몬은 주어진 기간 동안 지혜를 얻어서 마음을 잘 다스리고 즐기면서 살고, 집도 짓고 재산도 모으며, 사람도 사고, 노비도 사면서 엄청난 성공을 이루었습니다. 그래서 예루살렘이라는 도시에서 이전에 있었던 사람들도 그만큼 잘 된 사람이 없다고 했습니다. 그런데 11절에는 '헛되다'고 했습니다. 이것은 무슨 뜻일까요? 다 얻었는데 끝이라는 말입니다. 그

랬더니 헛되다는 것입니다. 이것이 영원하면 헛되지 않겠지요.
 따라서 태어난 뒤 죽기까지 갖게 되는 유한한 시간을 '인생'이라고 정의를 내릴 수 있습니다. 인생에 대한 사전적인 의미는, '사람이 이 세상에 살아 있는 동안' 혹은 '사람이 이 세상을 살아가는 일들'로 설명하고 있습니다. 두 가지 정의의 공통점은 '사람이 살아 있는 동안'이란 것입니다. 결국 태어나서 죽을 때까지만 주어지는 유한한 기회의 시간이 '인생'이라는 것입니다.

 전도서 2장 3~11절 내용 안에는, 기회에 대한 다섯 가지의 표현이 숨어 있는데 이를 발견해 보면 다섯 가지가 모두 사람에게 매우 중요한 요소란 공통점을 갖고 있습니다. 즉 유한한 기회 안에서 '나를 위하여 이것도 하고 저것도 했다'는 언급인데 여기에 인생의 다섯 가지 욕구가 표현되어 있는 것입니다. 그 첫째는 선택의 기회, 둘째는 사랑의 기회, 셋째는 사역의 기회, 넷째는 정복의 기회, 다섯째는 구원의 기회입니다.

(1) 선택의 기회
 '선택의 기회'는 다른 말로 하면 '의지의 기회'입니다. 선택과 의지는 자유를 전제합니다. 동서고금을 막론하고 인간에게 가장 소중히 여겨진 것 중의 하나는 자유입니다. 자유가 없다면 선택이 없고, 나의 의지도 억압을 받을 수밖에 없는 것입니다. 그러므로 인생에 자유가 있다는 것만큼 좋고 행복한 것은 없습니다. 아무리 경제가 어렵고 힘들다고 해도 우리에게 자유가 있다면 인간으로서의 삶을 살 수 있습니다. 볼 수 있는 자유, 들을 수 있는 자유, 먹을 수 있는 자유, 나눌 수 있는 자유, 가난하다 할지라도 부요함을 위한 도전의 자유가 있기에 소망이 있는 것입니다. 우리가 어떤 것을 선택하고 어떤 의지를 품느냐에 대한 자유를 가지고 있기에 우리는 인생을 만들고 또한 누릴 수 있습니다.

그러므로 인생은 '선택의 기회'요 '의지의 기회'입니다.

(2) 사랑의 기회

'행복하다'고 느끼게 하는 좋은 감정 중의 하나는 사랑입니다. 그래서 사람은 행복을 위해 사랑을 추구합니다. 내가 누군가를 대면하고 또 어떤 일을 선택했는데, 그것이 나에게 행복과 만족과 기쁨을 준다면 사랑의 감정이 일어납니다. 우리는 이 행복과 만족과 기쁨을 얻기 위해 끊임없이 사랑의 감정을 받으려 하고, 사랑의 감정을 주려고 합니다. 그러기 위해서 우리는 누군가를 만나고 또 만나려고 합니다. 그러므로 '사랑의 기회'는 다른 말로 하면 '만남의 기회'입니다. 내가 누구를 만나 무엇을 하고, 어떤 일을 시행하느냐에 따라서 사랑에 빠지게 되고, 행복이라는 것을 경험하게 되는 것입니다.

따라서 인생은 '사랑의 기회'요 '만남의 기회'입니다.

(3) 사역의 기회

많은 성공자들은 '일할 수 있는 기회'를 '만족의 기회'라고 말합니다. 왜냐하면 풍족하다 할지라도 일할 수 없다면 인간은 불행을 느끼기 때문입니다. 그러므로 일 자체가 만족의 근거가 됩니다. 나의 재능을 활용할 수 있는 일 자체가 만족의 시작이요, 나아가 일을 통해 자신을 개발하는 것은 또 다른 만족감을 줍니다. 뿐만 아니라 일을 함으로써 자신이 원하는 것을 얻을 수 있으므로 성취와 소유의 만족도 누리게 되는 것입니다. 사람들이 일하는 궁극적 이유는 작게는 배부름의 만족을 위해서이지만, 크게는 갖고 싶은 것과 의미와 가치 있는 것을 하고 싶기 때문입니다. 그 수고로 얻은 소산은 결국 인간에게 보람과 만족을 줍니다. 그러므로 인생은 '사역의 기회'요 '만족의 기회'입니다.

(4) 정복의 기회

'정복의 기회'는 다른 말로 하면 '성공의 기회'입니다. 전자에 나오는 표현은 성경적 의미이고, 후자에 나오는 표현은 세상적 의미라고 할 수 있습니다.

창세기 1장 28절을 살펴보면 다음과 같이 말씀하셨습니다.

> "하나님이 그들에게 복을 주시며 하나님이 그들에게 이르시되 생육하고 번성하여 땅에 충만하라 땅을 정복하라 바다의 물고기와 하늘의 새와 땅에 움직이는 모든 생물을 다스리라."

세상에서는 정복한다는 개념을 일반적으로 어떻게 사용할까요? "내가 나라를 정복했다"고 하면 나는 통치, 다스림에 성공했다는 의미입니다. 또한 "돈을 정복했다"고 하면 부자로서 성공했다는 의미입니다. 어떤 의미에서든 실패하기 위해 사는 사람은 없습니다. 그 내용과 분야가 다를 뿐 모두 성공을 위해 달려갑니다. 그 내용과 분야를 주어진 시간 안에 정복하려고 뛰고 또 뛰는 것입니다. 이것은 모든 인간에게 주어진 사명이기도 합니다.

그러므로 인생은 '정복의 기회' 요 '성공의 기회' 입니다.

(5) 구원의 기회

'구원의 기회'를 다른 말로 하면 '신앙의 기회'라고 합니다. 구원은 기독교적 용어이고, 신앙이란 말은 다른 종교에서도 사용하는 일반적 표현입니다. 세상은 신앙을 가져서 어느 길로 가든지 좋은 데만 가면 된다는 가치관을 외칩니다. 그러나 교회는 예수 그리스도를 믿는 신앙 즉 구원을 통해서 하나님의 나라에 들어감을 외칩니다. 구원은 또 다른 세계에 대한 시작을 보장합니다. 그리고 그 구원의 기회는 인생의 유한한 기간 안에서만 주어질 뿐입니다. 불신자에게 주어지는 신앙의 기회도 살아 있는 동안에만 주어집니다.

그러므로 인생은 '구원의 기회' 요 '신앙의 기회' 입니다.

결론적으로, 인생은 태어난 후 죽을 때까지 인간에게 주어지는 아주 유한한 기회들을 말하는 것으로, 인생이라는 기회의 시간 속에서 다섯 가지를 내가 경험하거나 성취할 수 있습니다.

지금도 우리에게는 '선택의 기회' 가 흘러가고 있습니다. 왜냐하면 살아 있기 때문입니다. 지금 우리에게 '사랑의 기회' 도 흘러가고 있습니다. 더 나아가서 일할 기회도, 정복할 기회도, 구원의 기회도 지나가고 있습니다.

사랑은 선택에 의해서 내가 만드는 것이지 어디서 뚝 떨어지는 것이 아닙니다. 모든 사람이 본능적으로 사랑하는 게 있는데, 그것은 자기 자신입니다. 그런데 자신을 제대로 사랑하지 못하고 살아가는 사람이 많습니다. 우리는 사랑의 기회를 가지고 있기 때문에 사랑을 찾아 길을 떠나면 자신과 타인을 향한 사랑을 만날 수 있습니다. 그런데 내가 은둔 생활을 하면 만남의 기회, 사랑의 기회는 사라집니다.

누군가가 일하기만을 기대한다면 선택의 기회는 사라집니다. '나' 라고 하는 존재에게 주어진 그 자유를 다 포기하는 것과 같습니다. 내가 일할 기회를 갖지 않으면 당장은 편안할 것 같은데 결국은 많은 것을 잃게 됩니다.

내가 일해서 뭔가를 성공하고 정복했다 해도 그것을 잃어버릴 수 있습니다. 다 잃어버릴 수 있습니다. 우리는 이 기회를 통해서 계속 이루어가면서 동시에 유지해 가야 하는 치열한 인생의 싸움을 하고 있습니다. 그래서 흔히 인생은 전쟁과 같다고 말합니다. 만약에 이 기회를 정말 잘 사용하고 싶다면, 끊임없이 깨어 있어야 합니다. 사역도, 정복도, 구원도 이런 기회들 속에 있습니다.

성경은 하나님이 정한 사람을 영원히 구원하신다고 선포하고 있습니다. 그러나 또한 구원을 잃어버릴 자도 있다고 했습니다. 자신이 구원을 지키려 해도 우는 사자와 같이 삼킬 자를 찾는 악한 존재인 사단과 마귀가 계속해서 미혹과 시험과 고난과 환난으로 넘어뜨린다고 했습니다. 그러므로 구원의 기회는 얻는 것뿐만이 아니라 지키는 것도 포함합니다.

인생은 기회입니다.

2. '인생의 주권성' 이란 무엇인가?

'인생의 주권성' 이란, 나에게 주어진 인생을 누가 만들어 가며, 누가 책임질 것인가에 대한 성향입니다. 이 성향은 크게 세 가지로 나눌 수 있는데 첫째는 자율, 둘째는 타율, 그리고 셋째는 신율입니다.

(1) 자율

자기가 자기 인생을 만들어 가며 자기 인생을 책임지겠다고 하는 성향을 '자율' 이라고 말합니다. 이런 사람은 의지가 강합니다.

"또 비유로 그들에게 말하여 이르시되 한 부자가 그 밭에 소출이 풍성하매

심중에 생각하여 이르되 내가 곡식 쌓아 둘 곳이 없으니 어찌할까 하고 또 이르되 내가 이렇게 하리라 내 곳간을 헐고 더 크게 짓고 내 모든 곡식과 물건을 거기 쌓아 두리라 또 내가 내 영혼에게 이르되 영혼아 여러 해 쓸 물건을 많이 쌓아 두었으니 평안히 쉬고 먹고 마시고 즐거워하자 하리라 하되"
(눅 12:16-19).

(2) 타율 (자율 + 타율)

타율은 내 의지로도 살아가면서 끊임없이 다른 사람의 의지를 인정해 주는 것입니다. 내가 성공하기 위해서 다른 사람의 생각도 계속 끌어들이는 것을 말합니다. 타율은 남의 말이나 남의 지배에 내가 참여한다는 의미를 갖고 있습니다. 나는 부족해서 다른 사람의 것까지 도움을 받아서 살겠다는 것입니다. 결국 나에게 주어진 인생을 타인과 같이 만들어가는 열려 있는 태도입니다. 그러나 모든 인생의 결과에 대한 책임은 자기가 집니다.

(3) 신율 (자율 + 타율 + 신율)

"내 인생에 대해서 나는 부족합니다. 당신의 도움이 필요합니다. 동시에 주여, 당신의 다스림을 원합니다" 하는 태도입니다. 그러나 중요한 것은 모든 주권을 우선적으로 주님께 두는 것입니다. 주님의 주권 안에서 타인을 수용하고 자신을 용납하는 것입니다. 자신의 인생의 주권을 전적으로 주님께 맡겼을 때 그 인생의 책임은 주님이 지십니다.

대부분의 사람들은 인생에 대해 자율에 머무르는 경향을 보입니다. 그리고 타율적인 성향을 보이는 것 같지만 타율을 존중하는 것이 아니라 이용합니다.

자율은 다른 사람이 나의 인생에 대해서 간섭하거나 충고하는 것에 대해서 인정하지 못하고 오직 모든 일에 자신의 의견을 최대화, 최고화하는 것입니다. 반면 타율은 자기 인생에 대해서 자신이 책임을 지되 다른 사람이 하는 얘기에 더 많이 귀를 기울이는 성향을 가지고 있는 것입니다.

신율은 하나님에게 인생의 전부를 기울이는 성향을 가지는 것입니다. 갈라디아서 2장 20절에 나오는 바울의 고백은 신율입니다.

"내가 그리스도와 함께 십자가에 못 박혔나니 그런즉 이제는 내가 산 것이 아니요 오직 내 안에 그리스도께서 사시는 것이라 이제 내가 육체 가운데 사는 것은 나를 사랑하사 나를 위하여 자기 자신을 버리신 하나님의 아들을 믿는 믿음 안에서 사는 것이라."

자기 인생의 모든 것들을 그리스도의 뜻 안에서 살아가는 것입니다.

"에녹이 하나님과 동행하더니 하나님이 그를 데려가시므로 세상에 있지 아니하였더라"(창 5:24).

바울이 "내가 그리스도와 함께 십자가에 못 박혔나니 그런즉 이제는 내가 산 것이 아니요 오직 내 안에 그리스도께서 사시는 것이라"고 하면 바울의 인생은 누가 책임을 질까요? 그리스도가 책임집니다. 그리고 에녹이 하나님과 동행했다고 하는데, 하나님이 에녹을 데려가 버리면 에녹의 인생은 누가 책임을 진 것일까요? 하나님이 책임을 지셨습니다. 이것이 신율입니다.

신율 같은데 신율이 아닌 것이 있습니다. 즉 하나님을 인정하되 하나님을 통해서 내가 혜택을 얻으려고 종교적 행위만을 하는 것입니다. 그것은 신율이 아니라 자율에 해당하는 것입니다. 신을 이용하는 것이지 신에게 주권을 넘긴 것이 아니라는 말입니다.

"당신이 죽으라면 내가 죽겠습니다" 하는 데까지 가면서 그에게 주권을 넘겼을 때 신율이라고 합니다. 종교생활을 하면서 '당신이 나에게 복을 주시기 원합니다. 그래서 복 받는 것만 내가 하겠습니다" 하는 자세는 신율이 아니라 자율로써 신을 이용하는 것입니다.

인생은 우리가 태어났기에 무선택적으로 인생이 주어졌습니다. 지금까지 살아온 인생은 다 지나가 버렸습니다. 그런데 앞으로의 인생은 남아 있습니다. 남아 있는 것은 또 다른 기회입니다. 그 기회는 다섯 가지를 할 수 있습니다. 선택할 수 있고, 사랑할 수 있고, 사역 즉 일할 수 있고, 정복할 수 있고, 구원을 얻어 유지해 갈 수도 있습니다.

'나'라고 하는 존재가 인간적 자신감이 넘치면 자기도 모르는 사이에 자율로 흐르기 쉽고, '나'는 힘도 없고 아무것도 없는 부족한 존재임을 의식하면 타율로 흐르는 경향이 있습니다. 그리고 내가 주님에 대한 믿음이 깊으면 신율로 흐릅니다. 이 모든 것이 성향입니다. 성향이란 내가 그쪽 방면으로 가려고 하는 어떤 특성을 가지고 있다는 것입니다.

성향이 굳어지면 습관이 됩니다. 어떤 사람이 교회를 다니는데 자율적 성향이 보인다면 곧 자율적 습관이 보인다는 말입니다. 습관을 바꾼다는 것은 힘듭니다. 우리에게 가장 좋은 성향은 신율인데, 신율로 가려면 어떻게 해야 할까요?

3. '인생'은 두 종류가 있다

(1) 신념적 인생 : 지성적 인생 - 지상적 인생 - 유한적 인생

인생을 살아가는데 자기가 자기 인생을 만들어 가고 책임지겠다는 것입니다. 신념이란 자기 스스로 할 수 있다고 믿는 자기 중심적 믿음입니다.

(2) 신앙적 인생 : 영성적 인생 - 우주적 인생 - 무한적 인생

인생이 '유한한 기회'임을 깨닫고 다섯 가지 기회를 나 혼자 선택하지 않고 모든 것을 주님께 맡기며 믿음 안에서 살아가는 하나님 중심석 생활을 말합니다. 이런 신앙적 인생은 하나님께서 책임

져 주는 인생입니다.
- 결국 인생은 두 종류에 불과합니다. 처음부터 마지막까지 누가 자신의 인생에 주인이 되어 살아가느냐 하는 것입니다. 즉 인생에 대한 책임을 내가 지느냐, 하나님이 지느냐에 따라 그 과정과 결과는 확연히 달라질 것입니다.

4. '성공' 이란 무엇인가?

'성공'의 정의에 대해서 사전에는 '잘 됨'과 다른 것으로는 '히트'(hit)라고 되어 있습니다. 또 '뜻을 이룸' '구함을 성취함'이란 의미로 쓰기도 했습니다. 그러나 신앙서적이나 신학서적에서는 일반적인 사전적 의미를 뛰어넘어 좀 다른 의미로 사용하고 있습니다. 세속적 결과의 잘됨보다는 그 이상 하나님의 구속사가 이루어져 가는 것을 의미합니다.

'성공'에 대해서 두 가지 의미를 살펴보면 다음과 같습니다.
(1) **협의의 의미** – 내 뜻과 내 목적을 이루는 것으로 신념적 인생 관점에서 성공을 이해합니다.
(2) **광의의 의미** – 하나님의 뜻과 하나님의 목적을 이루는 것으로 신앙적 인생 관점에서 성공을 이해합니다.

'신앙인생 성공프로그램'이란 나의 인생에 대해서 신율적인 가치관과 태도를 가지고, 동시에 하나님과 함께 하나님의 뜻과 목적을 내 인생에서 이루어 가는 과정을 말합니다. 따라서 내 인생을 하나님과 같이 만들면서 잘 되는 것 자체에 목적을 두는 것으로 끝나면 안됩니다. 내 뜻과 목적을 이루는 것으로 끝내면 하나님을 이용한 것밖에 안 됩니다. 내가 온전히 성공했다면 하나님의 뜻과 목적이 이루어졌음을 의미하고 따라서 내 인생을 하나님이 책임지는 것입니다.

신앙인생 성공자, 그분은 예수님입니다. 예수님의 인생은 태어나서 돌아가실 때까지 그 유한한 기한 동안에 다섯 가지의 기회들을 최대한으로 살리셨습니다. 그분은 선택하고, 사랑하고, 일하고, 정복하고, 구원하셨습니다. 그리고 하나님과 더불어 그 모든 것을 이루어 가다가 마지막에 "아버지의 뜻을 다 이루었다" 하시면서 하나님이 책임져 주시는 곳으로 가셨고, 하나님의 우편에 앉으셨습니다.

'신앙인생 성공프로그램'은 예수 그리스도가 걸어가신 그 길을 가자는 것입니다. 자신의 인생을 하나님께 맡기고 하나님의 뜻과 목적이 자기 안에서 실현되기를 원하는 삶을 사는 것입니다. 만약 '신앙인생 성공프로그램'을 이해함에 있어서, 하나님은 잘 되고 나는 도구로 이용당하는 것이 아니냐는 손해 개념이 자꾸 떠오른다면 그 사람은 아직 성숙하지 못한 것이며 진정한 의미에서 성공을 깨닫지 못한 것입니다.

어리석은 자는 자신의 인생이 성공한 줄 알았으나 오히려 성경은 하나님을 떠난 자의 인생이 어리석고 실패한 인생임을 강조하고 있습니다.

"하나님은 이르시되 어리석은 자여 오늘밤에 네 영혼을 도로 찾으리니 그러면 네 준비한 것이 누구의 것이 되겠느냐 하셨으니 자기를 위하여 재물을 쌓아 두고 하나님께 대하여 부요하지 못한 자가 이와 같으니라"(눅 12:20-21).

자율에 치우쳐 신율적인 것에 부유하지 못한 어리석은 자의 인생은 하나님이 책임져 주지 않고 심판에 이르게 되었다는 무서운 말씀입니다.

"한번 죽는 것은 사람에게 정해진 것이요 그 후에는 심판이 있으리니"(히 9:27).

성경은 반드시 자기 삶에 대해서 책임져야 할 날이 온다고 말씀하고 있습니다.

"이르되 내가 모태에서 알몸으로 나왔사온즉 또한 알몸이 그리로 돌아가올지라 주신 이도 여호와시요 거두신 이도 여호와시오니 여호와의 이름이 찬송을 받으실지니이다 하고"(욥 1:21).

그러므로 인생은 유한합니다. 마지막에는 하나님이 책임져야 할 시점이 옵니다. 하나님은 독선적인 인생에 대해서는 책임지지 않습니다. 인간을 창조하신 여호와를 인정하고 자신의 인생을 같이 하려는 신앙적 효자, 그 사람의 인생을 하나님은 책임지시는 것입니다.

하나님의 책임은 구원입니다.

5. '성공 밴 다이어그램(Van Diagram)'은 무엇인가?

신약성경에 나오는 예수님의 제자들을 살펴보면 그들의 과거는 심히 부족하고 특별히 내세울 것이 없었습니다. 그러나 전능하신 하나님이 그들을 선택하시고 난 뒤부터는 아주 특별한 지도자가 되었습니다. 그들의 인생 성공의 핵심은 무엇일까요?

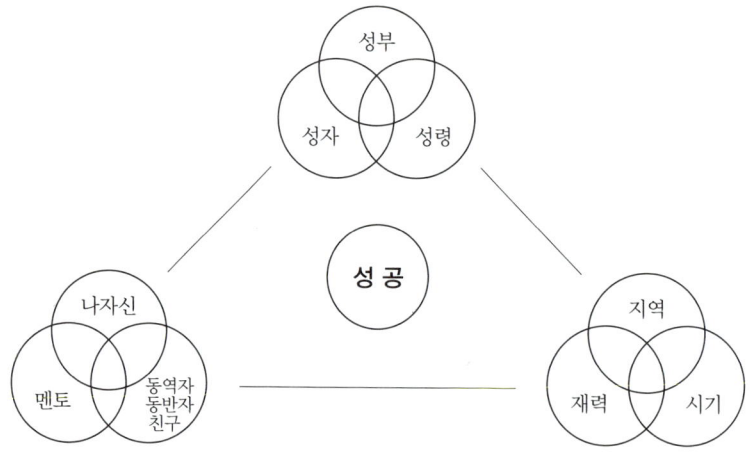

내가 성공하는 사람이 되려면 즉, 하나님의 뜻과 하나님의 목적을 이루는 신앙인생의 성공자가 되려면 '나'라는 존재가 '나'만으로

구성되어 있지 않고 세 가지로 구성되어 있어야 합니다. '나'라는 존재는 '자신'과 '멘토'와 '동역자'로 구성되어 있음을 이해해야 합니다. '나'라고 하는 차원에서 자신의 이해가 끝나면 자율이 됩니다.

진정 성공하려면 나 자신과 멘토 그리고 또 다른 나인 타인이 있어야 합니다.

'나'라는 존재 옆에는 멘토가 있습니다. 멘토는 나를 이끌어 주는 사람, 선생 같은 존재로서 내게 좋은 것을 가르쳐 주며 그것을 같이 풀어갈 수 있는 사람인데, 그가 없다면 진정한 '나'는 아닙니다. 또한 나 자신 안에 멘토 외에 또 다른 타인이 있는데 이를 동역자, 동반자, 친구라고 합니다. 동역자는 나의 모든 삶을 함께 나누며 만들어가는 지체입니다. 그래서 진정한 '나'는 세 가지가 묶여 있어야 합니다. 앞의 그림 중에서 '나'는 강한데 멘토도 약하고 친구도 약하면 결국 이 사람은 신앙인이라 할지라도 모든 일을 혼자 해야 합니다. 그래서 하나님께만 매달리는 주관적 종교인이 될 수밖에 없습니다.

좀 더 자세히 설명해 보면, 문제는 '나'라고 하는 존재가 연합되지 못하고 혼자 떨어져 나갈 때 우선적으로 성부, 성자, 성령을 의지하지 않고 자기가 좋아하는 성향만 쫓아갑니다. 때로는 성령만 쫓아가는 광신자가 되기도 하고 성자하고만 손을 잡아 성경과 율법만 갖고 행동하는 바리새인이 되기도 합니다. 이 사람은 누군가가 자기 앞에서 어떤 것이든 조금 틀리면 신자도 아닌 것처럼 여깁니다. 그래서 이단이 되는 것입니다. 하나님 말씀을 아무리 많이 알아도 이처럼 떨어진 형태의 성자를 갖고 있으면 결코 성공하지 못합니다.

하나님께서 인간을 창조하실 때는 무의미하게 창조하지 않으시고 목적을 갖고 창조하셨습니다. 이 말은 실패가 아닌, 분명히 성공의 목적을 갖고 창조하셨다는 것입니다. 창세기 1장 26~28절을 살펴보면 그것을 입증하는 네 개의 단어 즉 생육, 번성, 충만, 통치가 나옵니다. 어떤 사람이 생육하고, 번성하고, 충만하고, 모든 것을 다스리는 위치까지 올랐다면 그것이 바로 성공입니다. 이런 사람을 가리켜 행복한 사람이라고 말하는데, 자기가 하나님께서 목적하신 바를 자신의 인생 가운데 이루었기 때문입니다. 따라서 성공한다는 것은 행복하다는 말입니다.

성공과 행복의 공통어는 바로 복이라는 개념입니다. '하나님이 사람에게 복을 주시고' 라고 했을 때 이 복이라는 말은 목적을 이루어서 성공하고 행복하게 되는 하나님의 뜻이라는 것입니다. 그러므로 모든 복은 하나님으로부터 출발합니다. 하나님을 떠나 복을 받았다 할지라도 그것은 세속적이며 가시적인 현상일 뿐 진정한 성공도 아니며, 진정한 행복도 아닙니다. 오직 하나님 안에서 그 모든 것이 이루어져야만 하는 것입니다.

하나님께서 우리에게 복을 주실 때 어떤 과정으로 진행하셨는지 살펴보면 우리는 귀한 진리를 얻을 수 있습니다.

태초에 하나님은 인격체 중에 아담을 먼저 세우신 다음 하와를 세웠습니다. 그리고 하나님과 아담과 하와는 복이라는 것을 중심으로 연합했습니다. 여기서 아담을 '나'라고 가정해 봅시다. 그러면 '나'라는 존재는 결코 혼자 있을 때 진정으로 행복할 수 없고, 성공할 수 없으며 목적을 달성할 수 없습니다. 그래서 반드시 '나'라고 하는 존재는 위로나 옆에 어떤 인격체가 있어야 한다는 것입니다. 결국 내가 복되고, 행복하고, 성공하고, 목적을 이루는 아름다운 성공적 삶을 살기를 원한다면 원치 않아도 인정해야 될 것이 있습니다. 위로는 '하나님' 옆으로는 '하와'가 있어야 합니다.

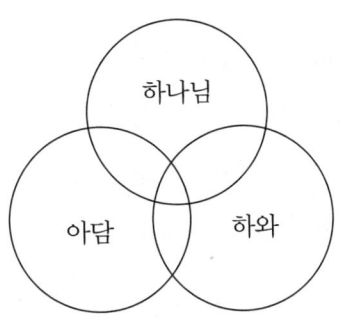

'인생' 복습하기

1. '인생'이란 무엇인가?

한 사람이 태어난 후 죽기 직전까지 갖게 되는 유한한 (기회)의 시간이다(욥 1:21, 히 9:27).

> ① 사람이 이 세상에 살아 있는 동안
> ② 사람이 이 세상을 살아가는 일(전 2:3~11)

(1) (선택)의 (기회) – (의지)의 (기회)

(2) (사랑)의 (기회) – (만남)의 (기회)

(3) (사역)의 (기회) – (만족)의 (기회)

(4) (정복)의 (기회) – (성공)의 (기회)

(5) (구원)의 (기회) – (신앙)의 (기회)

2. '인생의 주권성'이란 무엇인가?

나에게 주어진 인생을 누가 만들어 가며, 누가 (   )을 질 것인가에 대한 성향이다.

(1) (自律) – (눅 12:16~19). 결과는 어떻게 될까?(눅 12:20~21)

(2) (他律) – (자율+타율)

(3) (神律) – (자율+타율+신율)(창 5:24, 갈 2:20)

3. '인생은 두 종류'가 있다.

   (1) (신념적 인생) – (지성적 인생) – (지상적 인생) – (유한한 인생)

   (2) (신앙적 인생) – (영성적 인생) – (우주적 인생) – (무한한 인생)

4. '성공'이란 무엇인가?

   > **사전** ① 목적을 이룸. 뜻을 이룸. ② 낮은 데서 몸을 일으켜 크게 됨.
   > ③ 잘 됨(success), 히트(hit)

   (1) 협의의 의미 – 내 뜻과 내 목적을 이루는 것이다.

   (2) 광의의 의미 – 하나님의 뜻과 하나님의 목적을 이루는 것이다.

5. '성공 밴 다이어그램(Van Diagram)'은 무엇인가?

   성공을 위한 도표를 완성하고 이해해 보자.

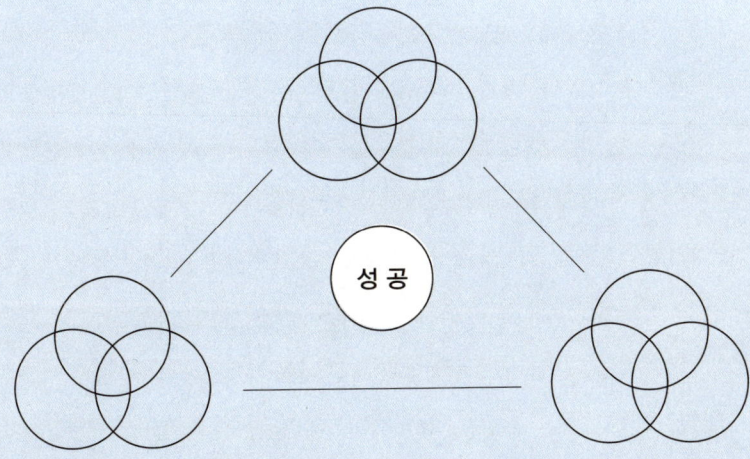

도표1: 성공 밴 다이어그램 (Van Diagram)

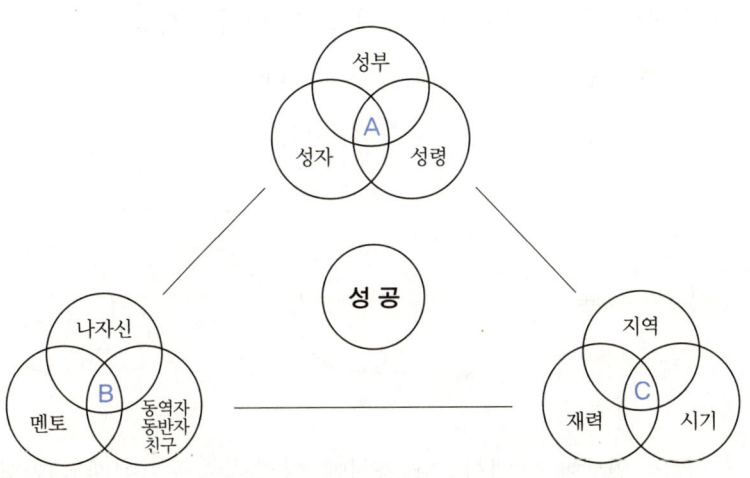

(1) A는? - 하나님(성부, 성자, 성령)

(2) B는? – 자신(자기, 멘토, 동역자)

(3) C는? – 환경(지역, 재력, 시기)

도표2 : B를 어떻게 개발할 것인가, 강화할 것인가, 극대화할 것인가?

B = '나'

'나' 라는 존재는 혼자 있는 것이 아닙니다. 성경에서 말하는 '나'는 혼자가 아니라 세 인격입니다. '나' 라는 존재가 혼자 있다고 생각하는 데서 문제가 있는 것입니다. 어떤 사람이 세 인격으로 자기를 형성하지 않으면 그 사람은 반드시 실패하게 됩니다. 그것은 성경이 가르치는 교훈입니다. 세 인격이 항상 내 안에 있다고 믿는 사람은 성공할 수밖에 없습니다. B라고 하는 '나'를 분해해 보니까 2와 3이 나오더라는 겁니다.

- 1은? – 자신
- 2는? – 멘토
- 3은? – 동역자

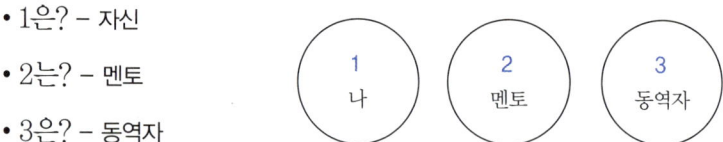

'나'의 인생에 대해서 '나' 자신에 대해서 누군가에게 얘기할 때 '멘토'가 따라가고, 동시에 '동역자'가 따라갑니다. 예를 들면, 어떤 아이가 무엇을 훔치거나 매우 버릇없이 행동했을때 "저놈은

참 나쁜 놈이네" 하며 말을 마치지는 않습니다. 그 아이가 한 행동이 옳지 못했을 때 바로 뒤이어 나오는 말이 '가정교육을 잘못 받았구나' 입니다. 그러면 바로 누가 떠오르죠? 멘토 역할을 하는 부모가 떠오릅니다.

어떤 아이가 시험을 못 봤을 때 사람들은 그 아이가 공부를 못했지만, 사실은 잠재적으로 그 아이의 배경을 욕하고 있습니다. '너를 가르친 선생님이 누구냐?' 이런 생각이 당연히 들기 마련입니다. 만약 어떤 교인이 아주 철없는 행동을 어떤 모임에서 행했을 때 우리는 그 사람이 잘못했다고 하지만, 동시에 떠올리는 것이 '어느 교회 성도냐?' 하는 것입니다. 그러면서 동시에 목사님이 그 교인을 그렇게 하라고 직접적으로 가르치지 않았음에도 불구하고 그 목사님은 이미지에 손상을 입습니다. 연관이 있다는 것입니다.

북한에 있는 사람들이 다 전투적일까요? 그렇지 않습니다. 그럼에도 불구하고 북한에서 일어난 어떤 한 사람의 사건을 보면 그 사람만 따로 떼어서 이야기하지 않습니다. 그와 관계되는 민족 전체가 그럴 것이라고 생각합니다. '나' 라는 존재 'B'를 평가할 때는 절대 혼자만 보지 않는다는 것입니다. 다 연관이 되어 있습니다. 연관되어 있는 것을 상기시켜 줄 때는 우리가 이해할 수 있지만 행동할 때는 별로 의식을 하지 않는다는 것이 문제입니다.

1. 자신 2. 멘토 3. 동역자. 이 세 사람이 내가 움직이면 항상 따라옵니다.

개발이라는 말은 자기의 능력을 만들어 낸다는 것인데 '찾는다'는 것과 관계가 있습니다. 자기의 은사나 능력을 찾는 것입니다. 내 안에 어떤 능력과 어떤 은사가 있는지 찾아내 놓고 자신감 있게 습관화시키는 것입니다. 그래서 그 분야에서는 큰 자신감을 가지고 행할 수 있도록 말입니다. 극대화시키는 것은 영향력을 최대한 발휘할 수 있게 한다는 것을 말합니다.

어떤 사람이 물을 좋아하지만 수영은 잘하지 못한다고 가정합시다. 그러던 어느날 물놀이를 하고 있는데 누군가 다가와서 수영을 가르쳐 주었습니다. 그는 금방 수영을 하게 되었습니다. 그는 자신이 수영에 재능이 있다는 것을 발견하게 됩니다. 그래서 수영 실력을 개발하고 그것을 강화해 속력이 점점 늘게 되자 자신을 더욱 극대화시킬 계획을 세웁니다. 그 후 '나는 이 길로 간다' 하며 선수가 되거나 훌륭한 코치가 되어 국위를 선양할 수 있습니다.

내가 음식을 잘 만들 경우 가족끼리만 먹으면 거기서 끝납니다. 그런데 그것을 개발하고 습관화해서 극대화시켰을 경우 음식점을 경영하여 큰 수익을 얻을 수 있습니다. 여기서 '나' 라는 존재를 강화하고 극대화할 것인가 이것을 결정하는 것은 매우 중요한 일입니다. 그런데 대부분의 사람들이 잠재된 자신의 은사나 능력을 찾지 못하고 있습니다. 찾았다고 할지라도 그것을 '좋아한다' 고만 할 뿐, 습관화시키거나 그것을 자기의 기능으로 극대화하는 데 많이 부족합니다. 그 일을 하고 싶은데 학원을 갈 형편이 안 된다든지, 연관된 길이 열리지 않아서 재능을 묵혀 두는 경우가 많습니다. 그런 것들을 잘 개발해서 밀고 나가면 그 분야에서 전문인으로 성공할 수 있음에도 불구하고 여러 가지 형편에 매여 주저앉거나 머물러 있습니다. 우리는 자신을 극대화할 때 자생력이 강해집니다. 분명한 사실은 극대화란 결코 혼자서는 이룰 수 없다는 사실입니다.

도표 3: 계획은 가능하지만 실행이 불가능할 수 있다. 실행은 가능하지만 성공하기 전에 지칠 수 있다.

(1) 1 + 2는? - 자신 + 멘토
(2) 3은? - 동역자

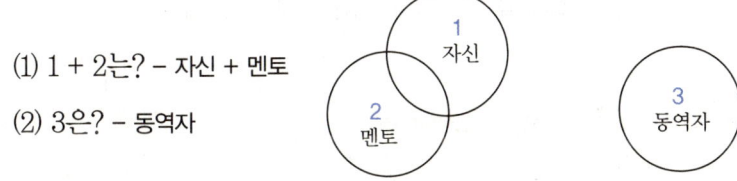

멘토와 함께하는 이런 사람은 계획을 잘 세웁니다. 혹은 기획을 잘합니다. 왜냐하면 자신의 지성과 스승이 지도해 준 지혜가 연합되어 모든 계획을 효과적으로 세우고 기획도 무리없이 해내기 때문입니다. 문제는 시행을 혼자한다는 것입니다. 동역자가 없어 모든 일을 혼자해야 함에 따라 성공할 확률이 희박합니다. 셋이 묶여져 있어야 강화, 극대화되는데 자신과 선생님은 밀착되어 있고, 동역자가 떨어져 있음으로 계획은 잘 세우지만 실행하면 거의 다 실패하고 맙니다. 혹 결과가 성공했다 할지라도 만족할 수준에 도달하지 못합니다. 주관적이며 개인적이기 때문입니다.

이런 사람은 계획은 가능하나 실행은 불가능합니다. 혹 실행한다 하더라도 혼자이므로 성공하기 전에 지칠 수 있습니다. 대표적인 예는, 목사와 친한 남전도회장, 여전도회장을 들수 있습니다. 계획은 열심히 세우지만 추진력이 떨어지므로 혼자 일을 하다 쉽게 지칩니다. '나' 라는 존재는 아무리 똑똑해도 반드시 셋이 묶여져 있지 않으면 힘들다는 것입니다. 아무리 미워도 목사와 동역자가 나와 묶여 있어야 내가 강화되고, 극대화됩니다.

도표 4: 계획은 열정적으로 추진할 수 있다. 그러나 진행 중에 복병인 장애물을 만나거나 결과가 나쁠 수 있다.

(1) 1 + 3은? – 자신 + 동역자
(2) 2는? – 멘토

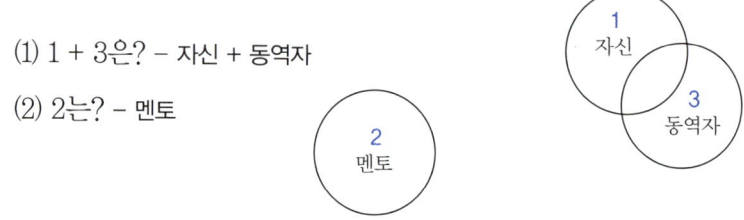

자신과 동역자가 붙어 있다는 것은 자기 중심적 계획이 있다는 것입니다. 그런데 이는 멘토와 협의된 계획이 아니라 자신의 지식 안에서 나온 것이기 때문에 최상의 계획으로 보기 어렵고, 뭔가 한계가 보이거나 약점이 노출되는 계획일 확률이 높습니다. 여러 동역자와 함께 있으므로 계획을 실행합니다. 하지만 멘토가 생각하는 길이 아닌 전혀 다른 방향으로 갈 수 있습니다. 그래서 여기서 대립이 생기게 됩니다. 성공의 양은 극소수입니다. 멘토의 도움 없이 어떤 일을 계획했을 때 실행은 되고, 성공할 수는 있으나 그 확률에 문제가 있습니다. 결국 이런 사람의 제일 큰 문제는 계획은 있으나 한계도 있다는 것입니다.

동역자들이 도와주기 때문에 한계도 모르고 실행하지만 진행되어가는 과정 중에 문제가 발생하므로 그 결과는 계획한 바에 미치지 못하게 됩니다. '나'라고 하는 존재는 모든 분야에 정통할 수 없어서 언제나 멘토와 동역자와 자신이 조화를 이루고 있을 때 그 사람은 빗나가지 않습니다.

도표 5 : 천재적이라 할지라도 적과 난제를 만날 수 있다.

(1) 1은? - 나
(2) 2 + 3은? - 멘토 + 동역자

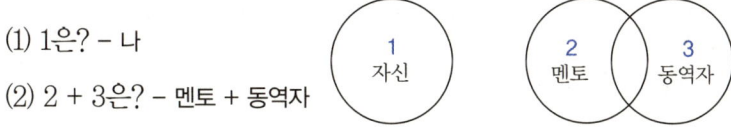

자신이 멘토와 동역자를 두지 않고 떨어져 있는 이유는 천재라고 생각하기 때문입니다. 그리고 성격 때문일 수도 있습니다. 천재는 어떤 일을 계획하고 추진합니다. 하지만, 일을 이루었을 때 반드시 적을 만납니다. 성격 때문에 멘토와 동역자를 멀리 했기 때문입니다. 이 사람은 천재가 아닙니다. 세상에 이런 사례가 의외로 많습니다.

자기 발견하기

각 문항을 10점으로 하되 높으면 10점 가까이하고 낮으면 1점 가까이 한다.

>>> **자신**

(1) 자기 자신의 지성을 얼마나 믿는가?(자신감, 기획성, 계획성)

(2) 자기 자신의 감성을 얼마나 믿는가?(자존감)

(3) 자기 자신의 의지를 얼마나 믿는가?(추진력, 담대함)

>>> **멘토**

(4) 자기의 질문이나 문제를 상담해 줄 친한 사람은 있는가?(관계성)

(5) 자신의 문제와 관련된 저명한 지도자를 찾을 수 있는 습관이 있는가?(개방성, 열린마음)

(6) 상담해 준 사람의 대답을 어느 정도 신뢰하고 참고하는가?(수용력)

>>> **동역자**

(7) 자신의 계획을 찬성해 줄 사람이 가까이 있는가?(공감성)

(8) 자신의 계획을 지원해 줄 사람이 가까이 있는가?(후원성)

(9) 자신의 계획을 수정해 줄 사람이 가까이 있는가?(친밀성)

(10) 자신의 계획이 진행될 때 상담한 자와 함께하는 자에게 자주 연락 하는가?(합심력)

*평가방법
- 90점 이상 : 이미 성공했거나 성공이 임박한 사람
- 90점 미만 : 희망적인 삶
- 60점 미만 : 겨우 유지하거나 힘든 삶
- 30점 미만 : 상담치료 대상

'자신' 복습하기

1. 도표 1 : 성공 밴 다이어그램(Van Diagram)

   (1) A는? - 하나님(성부, 성자, 성령)

   (2) B는? - 자신(자신, 멘토, 동역자)

   (3) C는? - 환경(지역, 재력, 기회-시기)

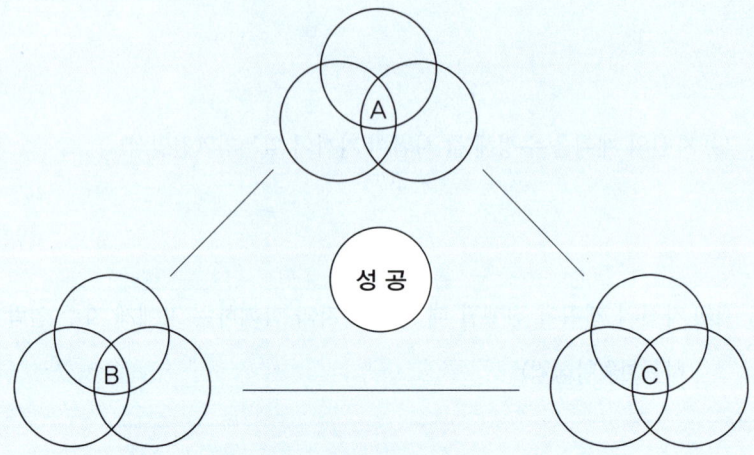

2. 도표 2 : B(자신)를 어떻게 (개발)할 것인가, (강화)할 것인가, (극대화)할 것인가?

   (1) 1은? - 자신

   (2) 2는? - 멘토

   (3) 3은? - 동역자

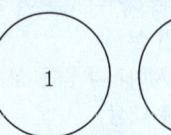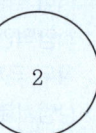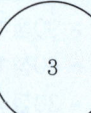

3. 도표 3 : 계획은 (가능)하나 실행이 (불가능)할 수 있다.
실행은 가능하나 성공 전에 (지칠 수 있다.)
 (1) 1 + 2는? – 자신 + 멘토
 (2) 3은? – 동역자

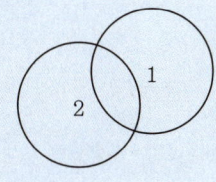
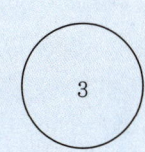

4. 도표 4 : 계획을 열정적으로 (추진)할 수 있다. 그러나 결과가 (나쁘)거나 (장애물)을 만날 수 있다.
 (1) 1 + 3은? – 자신 + 동역자
 (2) 2는? – 멘토

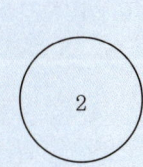
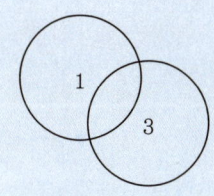

5. 도표 5 : 천재적이라 할지라도 적을 만날 수 있다.
 (1) 1은? – 자신
 (2) 2 + 3은? – 멘토 + 동역자

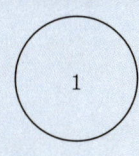
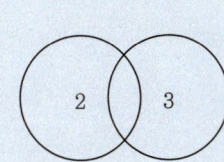

이 장에서는 신앙인생 성공프로그램에 있어서 두 번째 주제인 '하나님'과의 관계성을 살펴보려고 합니다. 그에 앞서 지난 과의 내용을 간단히 복습해 봅시다. 많은 사람들은 '자신'이라고 하면 혼자라고 생각합니다. 그러나 본 과에서는 '자신'을 세 가지로 구성되어 있는 진정한 자기 자신으로 강조했습니다. 즉 '나'라는 존재는 1) 자신 2) 멘토 3)동역자로 구성됩니다. 진정한 자신이 되려면 내가 가는 길에 항상 멘토와 동역자가 있어야 합니다. 이런 현상을 '자기 일체'라고 합니다. 이런 자기 일체가 되어야 진정한 강자가 되는 것입니다.

자신은 혼자 있고 멘토와 동역자가 각각 있거나 두 인격끼리만 붙어 있는 경우에 그 사람의 삶은 어떻게 될까요? '자기 일체 극대화' 즉 내가 강해지면 그 다음에 우리의 인생을 지금보다 훨씬 더 아름답게 만들 수 있다는 것입니다. 아무리 성공프로그램을 가지고 있어도 실행프로그램을 돌리지 않으면 우리는 승리할 수 없습니다. 본 프로그램이 끝나면 다음으로 '자기일체 극대화 실행프로그램'을 다루겠습니다.

인생은 여러 측면에서 살펴 볼 수 있는데, 그중에 하나님과 나와 깊이 연관된 인생을 신앙인생이라고 표현합니다. 이번에는 하나님 안에서 살아가는 신앙인으로서 어떻게 하면 성공할 수 있는지 알아보겠습니다.

도표1: 성공 밴 다이어그램(Van Diagram)

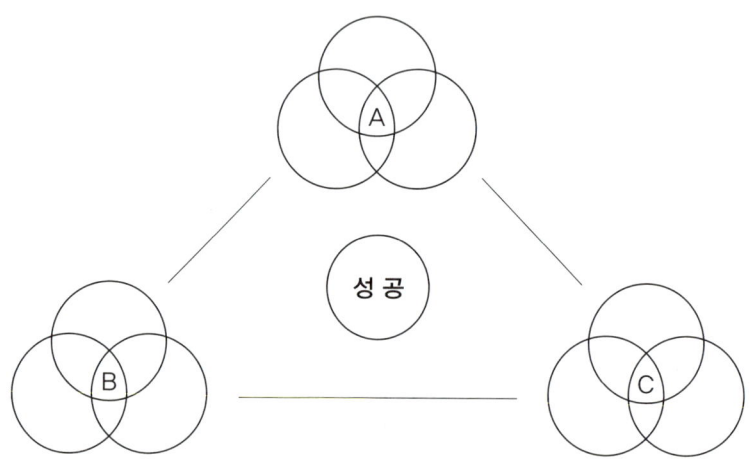

(1) A는? - 하나님(성부, 성자, 성령)
(2) B는? - 자신(자기, 멘토, 동역자)

(3) C는? - 환경(지역, 재력, 시기)

내가 하나님 안에서 성공하려면 하나님과의 관계는 절대적으로 중요합니다. 그리고 환경 또한 중요합니다. 내가 준비되어 있고 하나님이 도와주시고, 환경이 부합되면 우리는 성공할 수 있습니다.

도표 2: A(하나님)를 어떻게 믿을 것인가, 의지할 것인가, 추구할 것인가?

(1) 1은? - 성부
(2) 2는? - 성자
(3) 3은? - 성령

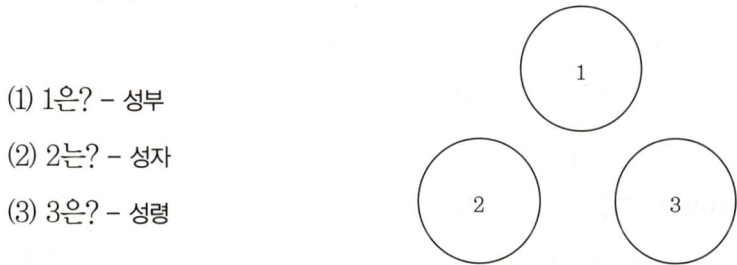

하나님은 삼위일체로 존재하십니다. 그러나 위 도표에서 1, 2, 3이 떨어져 있다는 것은 서로 각각의 인격을 갖고 계시다는 것을 뜻합니다. 그래서 과거 교회사에서는 하나님이 세 분이라는 말까지 나왔으나 2000년의 기독교 역사가 흘러오면서 하나님에 대한 바른 교리가 세워졌는데 이를 '삼위일체'라 합니다. '삼위일체'라는 단어는 성경에 없습니다. 그러나 하나님이 삼위일체로 존재하신다는 표현은 많이 언급되어 있습니다. 하나님에 관하여 이해를 돕기 위해 역사적으로 많은 표현들을 사용하였으나 가장 성서적인 표현으로, 결국 하나님을 '삼위일체'라는 말로 설명하게 된 것입니다.

한 학자는 이런 비유를 들어 설명했습니다.

"물이 고체로 변하면 얼음이 되고, 액체로 변하면 물이 되며 기체로 변하면 수증기가 된다. 본질은 다 H_2O 인데 그것은 각각 다르다. 물과 얼음은 다르다. 얼음과 수증기도 다르다. 수증기와 물 역시 다르다. 그러나 물과 얼음과 수증기는 본질은 H_2O이다."

이해를 돕기 위한 것이지 감히 이것으로 하나님을 설명할 수는 없습니다. 성부, 성자, 성령은 그것과 다릅니다.

양태론이라는 것도 있습니다. 이것은 그릇된 학설 중에 하나인데, 성부가 구약 시대에는 성부 하나님으로서 하늘에 계셨다가 신약시대에는 인간의 옷을 입고 땅으로 내려 오셔서 성자 예수가 된 것이고, 그분이 다시 올라 가셔서 또 다른 보혜사로 오셨을 때 성령이 되었다는 이론입니다. 즉 하나님은 한 분인데 어디에 가 있느냐에 따라서 양태, 그 모양이 바뀌었다는 학설입니다.

이것도 잘못된 설명입니다. 왜냐하면 만약에 용모가 변하고 상황과 환경에 따라서 달라진 것이라면 성경 말씀에 상충되는 것이 많기 때문입니다. 예수님이 이 땅에 내려와 계실 때 아버지께 기도하셨는데, 이 상황은 분명히 성부 하나님 아버지가 존재하고 계셨고, 성자 예수 그리스도도 아들로 존재하고 있었다는 것을 나타내고 있는 대목입니다.

그리고 예수 그리스도가 올라가시고 난 후에 성령이 오셨습니다. 성령이 오셔서 존재하고 계실 때 예수 그리스도는 하나님 우편에 앉아 계셨습니다. 싱부, 성자, 성령이 전혀 다른 인격체를 가지고 존재하셨지만, 한 명, 두 명, 세 명과 같은 물질적 표현을 사용함이 적절치 않기 때문에 온전한 표현을 사용하고자 하나님을 '삼위일체'라 언급하게 되었습니다. 성부 하나님은 눈에 보이지 않습니다. 성자 하나님은 지금은 보이시지 않지만 예수님 당시에는 볼 수 있었기 때문에 가시적 존재였습니다. 물론 주님이 다시 오시는 날 우리는 신랑으로 그분을 다시 뵐 수 있을 것입니다. 또한 성령도 보이지 않습니다. 하지만 성삼위일체 하나님은 볼 수 없음에도 불구하고 모두 인격을 갖고 계십니다.

성자 예수 그리스도는 이 세상에서 온전한 모범의 행함을 보여 주셨는데 그 삶을 기록한 책이 복음서입니다. 그러므로 성자는 우리에게 영과 육의 기준을 보여 주십니다. 성부 하나님은 우리가 볼 수 없지만, 그분이 하신 일이나 사건을 통해 만날 수 있습니다. '만나를 내리시고 홍해를 가르신 일'은 성부가 하신 일임을 우리는 성경을 통해 모두 알고 있습니다.

내가 하나님을 믿는다는 것은 하나님이 하신 일을 믿는 것입니다. 그러기에 내가 예수를 믿는다면 예수 그리스도가 행하신 일도 믿지만, 예수 그리스도가 보여 주신 영과 육의 삶의 방식도 따라가는 것입니다. 그래서 예수님이 용서하셨으면 우리도 용서하고, 예수님이 사랑을 베푸셨으면 우리도 사랑을 베풀고, 구제하셨으면 우리도 구제하면서 그분을 닮아가야 합니다.

성령이 하시는 일들은 영적 사역과 관계가 많습니다. 성부와 성자가 우리의 외부에서 역사하신다면 성령은 우리 안에서 일하십니다. 성경을 읽다 보면, "예수 그리스도가 네 안에서 일하신다"는 말씀이 나오는데 그 개념은 말씀으로 내주하심을 뜻하며 또한 부활하신 예수 그리스도가 그리스도의 영인 성령을 보내 주셔서 우리 속에서 역사하심을 말합니다. 이렇게 임하신 성령은 우리 속에서 예수 그리스도가 하셨던 일도 하시고 더 큰일도 할 수 있도록 역사하십니다.

동시에 삼위일체이신 성부와 성자와 성령은 그 사역에 있어서 서로 다릅니다. '내가 하나님을 믿는다' 는 것은 사역이 다른 성삼위일체 하나님을 온전히 믿는다는 것입니다. 어떤 사람은 성부, 성자, 성령을 따로 구별하여 믿는 경우가 있습니다. 성부 중심이냐 성자 중심이냐 성령 중심이냐는 식입니다.

이런 믿음은 신이 세 분 있다고 믿는 식인데, 이렇게 되면 다신교적인 성향이 나타납니다. 이단의 공통점은 성령을 인격적인 하나님으로 보는 것이 아니라 하나님의 힘으로 본다는 것입니다. 그리고 예수 그리스도는 하나님이 천지를 창조하시기 전에 창조한 최초의 피조물로 봅니다. 예수 그리스도가 피조물이라면 하나님과 예수 그리스도의 관계는 아버지와 독생자 아들이 될 수 없으므로 비성경적 해석이 되는 것입니다.

오직 유일하신 성부 하나님만 인정하는 또 다른 형태의 이단은 다음과 같이 주장합니다. 예수는 여호와가 창조한 최초의 피조물이기 때문에 하나님 안에 들어갈 수가 없다는 것입니다. 예수를 믿는다 해도 단지 선지자 중 하나로 믿습니다. 성령은 하나님의 힘이므로 비인격적이어서 하나님으로 믿을 수 없다는 것입니다. 말하자면 성부 중심적으로 믿고, 성자와 성령을 떼어 놓는 것입니다.

도표3: 이 경우는 아는 것은 많은데 추진력이 약하고 성취가 더디거나 어렵다. 지적 신앙 형태로서 주로 생각이나 말로 모든 것을 하려고 하며 기도가 현저히 부족하다.

(1) 1 + 2는? - 성부 + 성자
(2) 3은? - 성령

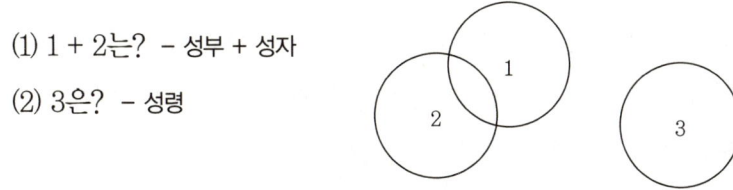

이 그림은 1 + 2가 붙어 있고, 3번이 떨어져 있습니다. 즉, 성부 하나님과 성자 예수 그리스도를 중심으로 하되 성령을 조금 멀리 한 경우입니다. 성령의 세례와 열매, 그리고 은사를 주시는 보혜사를 멀리하면 내 안에 성령이 충만하지 못하고 권능도 없습니다. 나에게 능력이 없으면 사역의 추진력도 당연히 떨어집니다.

성부와 성자가 가르쳐 주신 것은 말씀입니다. 특히, 성부가 뜻과 비전을 가르쳐 주시면 성자 예수는 목적, 뜻, 비전 안에서 나오는 방법을 가르쳐 줍니다. 하나님께서 천지를 창조해야 되겠다는 목적과 뜻과 비전을 가졌을 때 '말씀하여 가라사대'라고 하셨는데, 그 말씀이 당시 모든 것을 창조하는 방법이 되었습니다. 하나님의 뜻과 목적과 비전을 이루어 주는 도구와 방법, 역할을 하는 것이 말씀이신 예수 그리스도라는 것입니다.

성부가 인류를 구원하시겠다는 뜻과 비전을 세운 뒤 그것을 이루기 위해서 말씀이신 예수 그리스도를 이 땅에 육신으로 보내어 죽게 하셨습니다. 성자가 죽는 것이 인류를 구원하여 하나님의 뜻을 이루는 방법이였습니다.

성부와 성자가 하나 되어 있고 성령이 떨어져 있으면 하나님의 뜻과 말씀과 방법은 알지만 그것을 실천할 능력은 없습니다. 이런 신앙을 지적 신앙 형태라고 합니다. 아는 것은 많은데 실천을 못합니다. 예를 들면, 하나님이 인류를 구원하시기 위해서 예수 그리스도를 보내사 최초의 사람 낚는 어부가 되게 하셨습니다. 예수는 이 세상에 오셔서 다시 인류를 구원하시려고 제자를 선택하셨습니다. 이 대물림의 영적 사역을 충분히 알면서도 전도하지 못합니다. 왜냐하면 성령을 멀리함으로 능력을 받지 못해서입니다. 성부와 성자가 붙어 있고 성령이 떨어져 있으면 지식은 넘쳐나는데 행함이 어렵습니다. 그러므로 신앙인생 프로그램에서 이런 형태로 하나님을 알고 있는 사람은 신앙의 성장이 약하고 변화되지 않음을 알 수 있습니다. 모든 것을 말로만 하기 때문입니다.

도표4: 하나님 중심적으로 헌신하며 열정적으로 추진하여 결실을 본다. 반면 체계적이기보다는 즉흥적이다. 이성적이기보다는 감성적이다. 일을 추진함에 있어 감정에 호소하는 경향이 있다.

(1) 1 + 3은? - 성부 + 성령
(2) 2는? - 성자

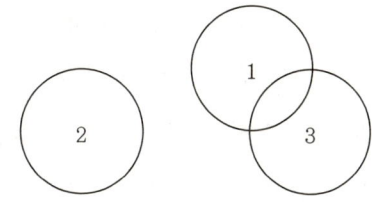

이 사람은 하나님의 뜻과 비전을 알고, 목적과 계획을 압니다. 성령도 함께 있는데, 성령은 능력과 은사, 권능을 주는 분입니다. 가슴속에 하나님의 뜻과 비전이 끓어 올라 일도 잘하고 열심히 하는데, 결실이 많지 않은 것은 말씀과 예수가 빠졌기 때문입니다. 이런 사람들은 불신자를 전도하는 것이 예수 그리스도의 뜻이고, 아버지의 뜻임을 잘 압니다. 뿐만 아니라 열정도 있기 때문에 수단과 방법을 가리지 않고 열심히 전합니다. 그러나 방법을 보면 그리 모범적이지 못합니다. 하나님 중심적으로 헌신하며, 일을 열정적으로 추진하여 결실을 맺으려 하지만, 구체적 방법을 모르거나 체계적이기보다는 즉흥적이고, 이성적이기보다는 감성적이기에 열매가 적습니다. 이런 형태의 사람은 일을 추진할 때 감정에 호소하는 경향이 많이 나타납니다.

도표 5: 방법에 있어서 말씀과 기도로 추진하나 방향이나 목적을 잃어버릴 수 있다.

(1) 1은? - 성부

(2) 2 + 3은? - 성자 + 성령

하나님께 영광을 돌려야 되는 것은 알지만, 하나님의 뜻을 잘 모르고 오직 최선을 다하는 열심과 방법으로 사역하는 경우입니다. 이런 사람은 말씀과 기도를 많이 하지만 하나님의 뜻을 구하지 않습니다. 많은 열매를 맺는다 할지라도 하나님의 영광과는 무관한 경우가 많습니다. 세상적인 목적이나 목표를 많이 세우고 그것에 말씀을 결부시키며 기도로 추진하여 결실을 맺는 형태입니다. 현재성은 있으나 영원성이 약하고, 방법과 열정은 있으나 하나님의 섭리와 무관하게 사는 경향이 있습니다.

자기 발견하기

각 문항마다 5점 만점으로 채점하라.

각 문항을 5점으로 하되 높으면 5점 가까이하고 낮으면 1점 가까이 한다.

〉〉〉 성부

(1) 성부 하나님을 어떻게 정의할 수 있는가?

(2) 성부 하나님의 호칭과 속성을 어떻게 설명할 수 있는가?

   - 호칭   - 속성
   ①   ④
   ②   ⑤
   ③   ⑥

(3) 성부 하나님이 하신 일과 하시는 일을 어떻게 설명할 수 있는가?

   - 하신 일   - 하시는 일
   ①   ④
   ②   ⑤
   ③   ⑥

(4) 하나님 아버지의 주권과 공의를 두려워하는가?

　　늘 두렵다 - 5,　　자주 - 3,　　간혹,　　가끔 1~2

(5) 인생의 꿈과 비전이 하나님에게서 오는가?

(6) 범사에 하나님의 뜻을 생각하는가?

>>> **성자**

(7) 성자 하나님을 어떻게 정의할 수 있는가?

(8) 성자 하나님의 호칭과 속성을 어떻게 설명할 수 있는가?

　　　- 호칭　　　　　　　- 속성

　　　①　　　　　　　　　④
　　　②　　　　　　　　　⑤
　　　③　　　　　　　　　⑥

(9) 성자 하나님이 하신 일과 하시는 일을 어떻게 설명할 수 있는가?

　　　- 하신 일　　　　　- 하시는 일

① ④
② ⑤
③ ⑥

(10) 예수 그리스도의 대속과 사랑을 늘 감사하는가?

(11) 범사에 하나님의 말씀을 가까이 하는가?

(12) 말씀이 삶의 근거와 기준이 되며 모든 언행에 영향을 주는가?

>>> **성령**

(13) 성령 하나님을 어떻게 정의할 수 있는가?

(14) 성령 하나님의 호칭과 속성을 어떻게 설명할 수 있는가?
- 호칭   - 속성
① ④
② ⑤
③ ⑥

(15) 성령 하나님이 하신 일과 하시는 일을 어떻게 설명할 수 있는가?

① ④
② ⑤
③ ⑥

(16) 성령의 충만과 은사를 늘 사모하는가?

(17) 성령의 인도와 역사를 위해 얼마나 기도하는가?

(18) 성령의 뜻에 순종하는가?

(19) 모든 일의 결과를 하나님의 뜻 안에서 수용하는가?

(20) 인생 전부를 하나님의 영광을 위해 살려고 노력하는가?

*평가방법

▶ 90점 이상 : 탁월한 지도자, 충성된 하나님의 일꾼
▶ 90점 미만 : 교회의 지도자이거나, 감사하며 생활하는 사람
▶ 60점 미만 : 평범한 그리스도인(이단의 유혹에 넘어갈 확률이 높다)
▶ 30점 미만 : 그리스도인이라고 말하기 어렵다.

● **몇 가지 평가 사례**

1~6번 10점, 7~12번 10점, 13~20번 = 40점

점수로 보면 이 사람도 교회의 지도자인데, 성부와 성자는 가깝지 않고 성령만 불타고 있습니다. 뜻과 방법이 분명치 않기에 시키는 대로만 하지 왜 하는지를 모르는 사람입니다. 장점은 기도를 많이 하고 행동하는 사람으로 감정적 신앙에 가깝다고 할 수 있습니다.

1~6번 30점, 7~12번 12점, 13~20번 33점 = 75점

점수로 보면 이 사람도 교회의 지도자인데, 이 사람은 아버지의 뜻도 알고, 기도도 많이 하고, 말씀도 봅니다. 이상적인 삶을 사는데 조금 힘써야 할 부분이 있다면 성서적 생활과 언행일치의 삶을 사는 것입니다.

1~6번 30점, 7~12번 15점, 13~20번 25점 =70점

점수로 보면 이 사람도 교회의 지도자입니다. 꿈은 많은데 일의 방법이나 열정이 좀 부족합니다. 문제는 어느 한 곳으로 치우쳐 일할 가능성이 있습니다. 생각만 크거나, 어떤 사람은 말만 많고, 어떤 사람은 일만 많이 합니다. 이런 유형의 성도들이 모이면 서로 다 다르기 때문에 같이 앉아서 회의하면 의견이 모아지지 않습니다. 그래서 모임이 시끄러울 수 있습니다.

● **각 문항의 간단한 해설**

모든 사람의 간절한 소망은 정상적으로 성장해 가는 것입니다. 정상적으로 성장해 가지 못한다면 자신과 관련된 모든 자들에게 큰 아픔과 걱정, 고통을 안겨 줍니다. 그래서 인간은 누가복음 2장 52절에 있는 말씀처럼

성장해 가야 합니다. 그 지혜가 자라고 하나님과 사람 앞에 더 사랑스러워 가야 하는 것입니다. 인간이 성장해 가는 데 가장 초점을 맞추는 부분이 있습니다. 육체는 시간이 지나면 장성하지만 영적인 부분과 혼적인 부분, 정신적인 부분은 가만히 있으면 결코 성장하거나 성숙해지지 않습니다.

육신은 시간의 지배를 받지만, 영과 정신은 시간의 지배를 받지 않습니다. 육신이 시간의 지배를 받는다는 것은 시간이 지남에 따라 육은 변한다는 것입니다. 그런데 영과 혼인 정신은 시간이 지남에 따라 자연스럽게 성장해 가지 않습니다. 더 타락하고, 추락하고, 미숙해질 수 있는 게 정신 문제입니다. 심지어는 영과 혼, 정신은 특별히 관리하지 않으면 시간이 감에 따라 죽는 경우도 많습니다. 인간이 성장한다는 말을 할 때는 육에 대한 것보다는 영과, 혼, 정신에 대한 성장을 의미합니다. 어떻게 성장해 갈 수 있을까요?

제일 먼저 아는 것이 늘어나야 영과 혼은 점점 성숙되어 갑니다. 아는 것을 위해서 우리는 배움이라는 과정을 반드시 갖게 됩니다. 이 배움이라는 과정은 생활을 통해서 자연스럽게 배워가는 것도 있지만, 대부분 지적 교육을 통해서 많이 알아가게 됩니다. 생활을 통해서 아는 것과 교육을 통해서 아는 것은 상당히 다릅니다. 생활을 통해서 아는 것은 현재를 위해서 필요할 경우 배우게 되지만, 교육을 통해서 아는 것은 현재뿐만이 아니라 미래를 위해서 배워 가는 경우가 많습니다.

오늘 내가 부모님이나 이웃과 생활하다가 일하는 것을 배우는 것은 대부분 현재적 삶을 그대로 유지해가기 위한 수단에 불과한 경우가 많습니다. 그러나 교육은 지금 당장 내 생활에 필요하지는 않지만, 앞으로 멀리 내다보면서 지도자가 되기 위해서 특별히 정해진 코스를 밟는 것, 그래서 미래를 위해 오늘을 단련하는 것입니다.

아는 것이 많다고 해서 그 사람이 성장했다고 하지는 않습니다. 아무리 많이 알아도 성숙하지 못한 사람이 많이 있습니다. 그래서 아는 것이 그 사람의 능력이 되려면 반드시 거쳐야 하는 부분이 있는데, 실습 또는 체험입니다. 우리가 무엇을 새로 알았을 경우 그것이 정말 되는지 내가 실습해 보고 체험해 보고 나서 그때 아는 것은 능력이 되고, 힘이 되는 것입니다. 이렇게 실습하고 체험해서 힘과 능력이 생겼을 때 갖게 되는 힘을 믿음이라고 합니다. 그래서 믿음은 들음에서 난다는 것(롬 10장 17절)입니다. 들음은 배움을 의미하므로 믿음이 자라고 싶으면 배움의 과정이 필요한 것입니다. 생활을 통해서 배워도 최소한의 믿음은 자라지만 교육이라는 과정을 통하면 그 믿음은 더 커질 가능성이 높습니다.

그러기에 신앙인인 내가 영적, 혼적으로 성장하려면 제일 먼저 필요한 과정이 배움의 과정, 체험의 과정, 믿음의 과정입니다. 믿음의 과정은 하나를 체험하면 유추해서 열 개의 체험을 한 효과를 낼 수 있습니다. 내가 어떤 지식에 대해서 하나를 체험했을 경우 다른 것을 해보지 않고도 그렇게 될 것이라는 믿음이 생기는데, 그것을 일반적으로는 응용력이라고 말합니다. 체험을 통한 이 믿음을 진정한 지식이라고 합니다. 내가 하나님에 대해서 다 배우지 않았어도 어떤 것을 체험해서 믿게 되었다면 나에게는 응용적 믿음이라는 것이 생깁니다. 한 사건이 된 것을 보면서 다른 것도 된다는 연계적 믿음이 가능해지는 것입니다.

A라는 사람을 주님이 구원했다면 그는 그 지식을 배워서 B,C,D라는 사람도 하나님께서 구원하실 것이란 믿음이 생기는 것입니다. 아직은 구원을 받지 못했지만 구원받을 것이라는 사실을 우리는 이미 응용해서, 연계해서 알 수 있습니다. 하나님에 대해서 아는 것이 많아지면 많아질수록 체험할 기회가 많아지는 것입니다.

만약에 하나님에 대해 아는 것이 없으면 경험했다 하더라도 그것이 하나님에 관한 것인 줄 모릅니다. 그러면 하나님에 대한 믿음은 자라지 않게 됩니다. 하나님을 많이 체험하면 믿음이 담대해집니다. 그래서 내가 하나님에 대해서 아는 것도 많고, 체험한 것도 많고 믿음도 커졌다면 하나님과 나는 깊은 관계 즉, 사랑이 완성되어갑니다. 하나님에 대해서 많이 알수록 나에 대한 믿음은 긍정적이고, 힘이 있게 되는 것입니다.

내가 아는 것을 체험한 적이 있다면 믿음이 완벽해집니다. 그 믿음을 가지고 오늘날 생겨나는 많은 고통과 문제를 풀어갈 수 있습니다. 우리가 신앙생활을 할 때 그저 다른 사람이 하는 대로 따라하는 신앙생활은 한계가 있을 수밖에 없는데, 배우는 교육과정을 통해서 신앙생활을 해나가면 상당히 강한 신앙인이 될 수 있습니다.

(1) 성부 하나님을 어떻게 정의할 수 있는가?

생활을 통해서 하나님을 알아가는 방법도 있지만 교육을 통해서는 더 많은 것들이 있습니다. 교육을 통해서 하나님을 많이 알면, 체험할 기회가 많아집니다. 체험할 기회가 많아지면 믿음이 커지고, 믿음이 커지면 사랑의 관계를 맺게 됩니다. 우리는 성부 하나님을 어떻게 설명할 수 있을까요? 성부는 거룩한 아버지, 곧 영적인 아버지라고 할 수 있습니다. 영적인 아버지는 눈에 보이지 않지만 영원히 존재하는 분입니다. 성부 하나님은 야훼(여호와)이시며 거룩하신 아버지이시며 스스로 계신 영이십니다.

(2) 성부 하나님의 호칭과 속성을 어떻게 설명할 수 있는가?

① 엘로힘 – 하나님은 전능하신 하나님이시기 때문에 그 하나님께 기도하면 모든 문제에 응답하십니다. 이런 지식을 가지고 기도하는 중에 하나님을 체험했을 때 그 다음에는 다른 것들도 하나님께 매달리면 역사가 일어난다는 믿음이 생깁니다. 믿음이 생기면 두려움이 사라

지게 됩니다.
② 야훼 – 스스로 계시는 분으로 속성은 영원하심과 연관이 됩니다.
③ 이레 – 속성은 예비하심, 양육하심, 돌보심, 승리를 주시는 분입니다.

(3) 성부 하나님의 하신 일과 하시는 일을 어떻게 설명할 수 있는가?
- 하신일　　① 창조하심　② 선택하심　③ 인도하심, 구원하심
- 하시는 일　④ 감찰하심　⑤ 통치하심　⑥ 섭리하심, 계획하심

구약에서 성부 하나님이 하신 일들을 보면 이스라엘 백성들을 모든 이방 나라에서 구원하시고 해방하셨습니다. 모든 이방 나라들을 칼로 물리치시고, 심판하시고, 멸하셨던 것입니다. 그래서 구약의 하나님을 전쟁의 하나님이라고 말하는 자도 있습니다. 그러나 종국에는 모든 민족을 구원하시겠다고 약속하셨습니다.

(4) 하나님 아버지의 주권과 공의를 두려워하는가?
"다시 말하면 하나님을 경외하십니까?"라는 질문인데, 그분의 주권이 항상 절대적으로 인정이 되느냐 안 되느냐 하는 것입니다.

(5) 인생의 꿈과 비전이 하나님에게서 오는가?
당신의 모든 꿈과 비전들이 하나님에게서 왔습니까? 하나님께서 신앙생활을 잘하라고 꿈과 비전을 주셔서 신앙생활과 교회생활을 하고 있다면 그 길은 옳고 바른 십자가의 길입니다. 그러나 내가 좋아서 하는 것은 십자가의 길이 아닙니다. 그러므로 신앙생활, 배움생활, 물질생활조차도 하나님에게서 왔는지 생각해 보아야 합니다.

(6) 범사에 하나님의 뜻을 생각하는가?

이 문항까지의 점수가 25점이 넘으면 성부 성향이 아주 강하다는 것입니다. 자기 인생의 계획이 언제나 자연스럽게 세워져서 항상 공의롭고, 정직하며 그런 쪽의 삶이 대체적으로 잘되는 사람입니다.

(7) 성자 하나님을 어떻게 정의할 수 있는가?

거룩하신 아들, 예수 그리스도는 참 인간이시며, 참 신입니다(신인협동).

(8) 성자 하나님의 호칭과 속성을 어떻게 설명할 수 있는가?

- 호칭
① 주
② 예수
③ 그리스도, 독생자, 어린양, 인자, 말씀, 빛

- 속성
④ 함께하심
⑤ 선포하심
⑥ 치료하심, 가르치심, 성실하심, 오래 참으심, 순종하심, 은혜로우심

(9) 성자 하나님이 하신 일과 하시는 일을 어떻게 설명할 수 있는가?

-하신 일
① 십자가 지심
② 부활하심
③ 승천하심

- 하시는 일
④ 중보하심
⑤ 예비하심
⑥ 돌보심

(10) 예수 그리스도의 대속과 사랑을 늘 감사하는가?

정신없이 일하다가 잠깐이라도 감사한 생각이 드는가 생각해 봅시다.

(11) 범사에 하나님의 말씀을 가까이 하는가?
성경을 읽으면 은혜가 되고, 성경을 가까이 대하고 있습니까?

(12) 말씀이 삶의 근거와 기준이 되며 모든 언행에 영향을 주는가?
말씀이 나의 삶에 녹아들어 있는지요?
7번 문항부터 이 문항까지의 점수가 20점이 넘으면 그 사람은 예수 그리스도(성자) 부분이 강한 것입니다. 행동이 불안하지 않고 담대하고, 기도의 줄이 잘 잡히고, 걱정과 근심보다는 확신 가운데 사는 믿음이 큰 사람입니다.

(13) 성령 하나님을 어떻게 정의할 수 있는가?
보혜사 - 보호해 주시고, 은혜를 베푸시며, 가르쳐 주시는 영입니다.

(14) 성령 하나님의 호칭과 속성을 어떻게 설명할 수 있는가?

- 호칭
① 하나님의 신, 주의 사자, 주의 영
② 보혜사, 성령, 지혜의 영
③ 하나님의 영, 그리스도의 영, 예수의 영

- 속성
④ 무소부재, 불변성
⑤ 영원하심
⑥ 내주하심

(15) 성령 하나님이 하신 일과 하시는 일을 어떻게 설명할 수 있는가?

- 하신 일
① 예수님과 함께하심
② 초대교회 세우심
③ 사도들을 도우심

- 하시는 일
④ 은사 주심
⑤ 회복, 회심케 하심
⑥ 열매를 맺게 하심

(16) 성령의 충만과 은사를 늘 사모하는가?
  은사받기를 원하며 은사에 대한 지식과 성령 충만에 대한 간절함이 있습니까?

(17) 성령의 인도와 역사를 위해 얼마나 기도하는가?
  규칙적 기도생활과 묵상적 기도생활이 계속되고 있습니까?

(18) 성령의 뜻에 순종하는가?
  생활을 하다가 성령께서 감동을 주셨을 때 즉시 순종합니까?

  13번 문항부터 이 문항까지의 점수가 20점이 넘었을 때 그 사람은 행동력이 강하고, 사람을 붙게 만들고, 게으르거나 나태하지 않고 진지하고, 시험 드는 일이 적습니다.

(19) 모든 일의 결과를 하나님의 뜻 안에서 수용하는가?
  일이 잘되거나, 잘못될 경우에도 감사하는지요? 어떤 결과도 수용하는지요?

(20) 인생 전부를 하나님의 영광을 위해 살려고 노력하는가?
  진정한 신앙고백이 필요합니다.

  왜 성부 하나님을 알아야 할까요? 왜 성자 예수 그리스도와 성령을 알아야 할까요? 하나님을 내가 직접 체험하기 위해서입니다. 그 하나님을 체험하면 믿음이 커지고, 믿음이 커지면 세상을 넉넉히 이길 수 있기 때문입니다.

'하나님' 복습하기

1. 도표1 : 성공 밴 다이어그램(Van Diagram)

   (1) A는? - 하나님(성부, 성자, 성령)

   (2) B는? - 자신(자신, 멘토, 동역자)

   (3) C는? - 환경(지역, 재력, 기회-시기)

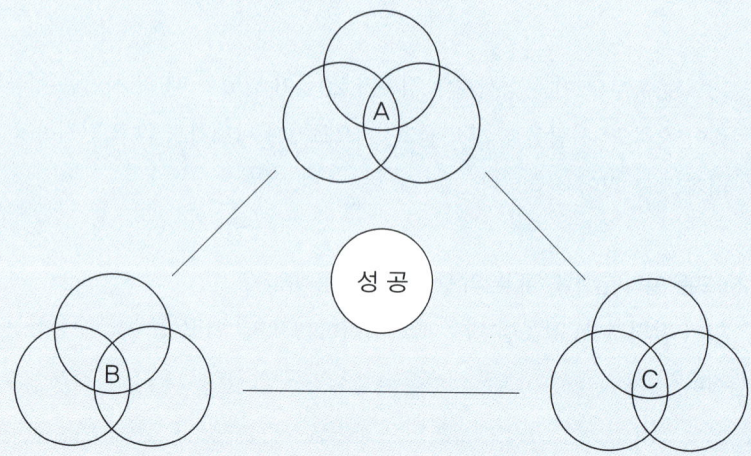

2. 도표2 : A(하나님)를 어떻게 믿을 것인가, 의지할 것인가, 추구할 것인가?

   (1) 1은? - 성부

   (2) 2는? - 성자

   (3) 3은? - 성령

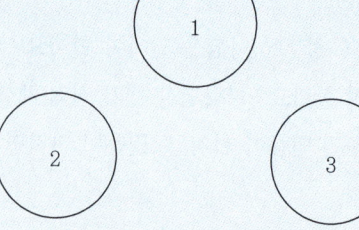

3. 도표 3 : 이 경우는 아는 것은 많은데 (추진력)이 약하고 (성취)가 더디거나 어렵다. 지적 신앙 형태로서 주로 생각이나 (말)로 모든 것을 하려고 하며 기도가 현저히 부족하다.

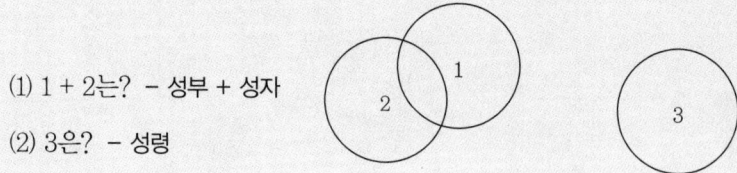

(1) 1 + 2는? - 성부 + 성자
(2) 3은? - 성령

4. 도표 4 : (하나님) 중심적으로 헌신하며 열정적으로 추진하여 결실을 본다. 반면 체계적이기보다는 (즉흥적)이다. 이성적이기보다는 (감성적)이다. 일을 추진함에 감정에 호소하는 경향이 있다.

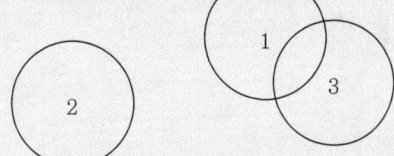

(1) 1 + 3은? - 성부 + 성령
(2) 2는? - 성자

5. 도표 5 : 방법에 있어서 (말씀)과 (기도)로 추진하나 방향이나 (목적)을 잃어버릴 수 있다.

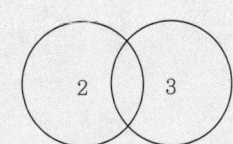

(1) 1은? - 성부
(2) 2 + 3은? - 성자 + 성령

환경

2000년 기독교의 긴 역사 속에서 자주 논쟁이 되어왔던 근본적인 주제가 있습니다. 그것은 역사적 예수와 신앙적 예수의 초점 문제입니다. 다른 표현으로 말한다면 인성 예수와 신성 예수의 문제입니다. 고대, 중세에서 현대에 이르기까지 각각의 시대가 당면한 문제를 풀기 위해 예수를 어떻게 해석하고 외쳤느냐에 따라 그 시대의 예수관은 당대의 기독교의 모습이 되었습니다. 최근에도 한 텔레비전 공영방송국이 방영한 프로그램 중 '신의 길 인간의 길'은 예수 그리스도에 대하여 비성서적 해석과 결론을 도출하는 우를 범하였습니다.

그러나 분명한 진리가 있습니다. 그것은 예수 그리스도에 대해서 무엇이라고 말하든지 예수 그리스도의 실존적 사실과 의미는 절대 변하지 않는다는 것입니다. 예수 그리스도는 참 인간이시며 참 하나님이십니다. 그분은 역사 가운데 한 인간 나사렛 예수로 오셔서 인류의 구속을 위한 대속의 십자가를 지시고 고통 가운데 물과 피를 쏟으신 그리스도입니다. 또한 영원 전부터 영원까지 창조와 통치와 심판의 주가 되시는 참 하나님이시며 믿음의 주입니다.

> "믿음의 주요 또 온전하게 하시는 이인 예수를 바라보자 그는 그 앞에 있는 기쁨을 위하여 십자가를 참으사 부끄러움을 개의치 아니하시더니 하나님 보좌 우편에 앉으셨느니라"(히 12:2).

환난과 핍박 그리고 연단이 있을 때 예수의 실체는 더 분명해지고 그의 진리는 더욱 확연히 드러났습니다. 이와 같이 예수를 믿고 따르는 자를 그리스도인이라고 하며 이런 그리스도인의 삶을 신앙인생이라고 합니다. 모든 것을 얻고도 예수 그리스도에 대한 신앙을 잃어버렸다면 그 사람은 결코 행복할 수 없습니다. 반면 모든 것을 잃고도 예수 그리스도를 잃지 않았다면 그는 행복합니다. 그리스도인은 예수와의 관계성 속에서 성공과 실패를 판단합니다. 그러므로 예수를 잃으면서 모든 것을 얻었을 때 성공했다고 말할 수 없는 인생을 신앙인생이라 하고 모든 것을 잃으면서도 예수를 잃지 않았다면 그 인생은 성공인생입니다. 이것이 일반인생 성공과 신앙인생 성공의 차이입니다.

도표1: 성공 밴 다이어그램(Van Diagram)

(1) A는? - 하나님(성부, 성자, 성령)
(2) B는? - 자신(자신, 멘토, 동역자)
(3) C는? - 환경(지역, 재력, 시기-기회)

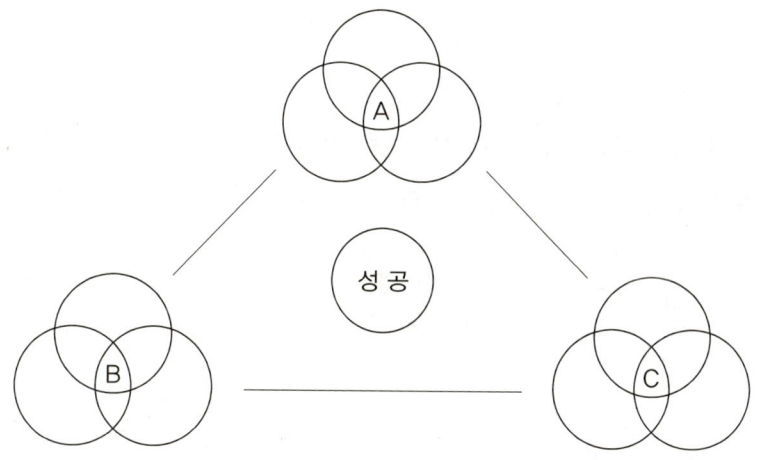

신앙인생에도 성공인생과 그렇지 못한 부끄러운 인생이 있습니다. 성공인생은 '하나님'과 '자신'과 '환경'이 각각 떨어져 있지 않고 나의 삶 속에 연합 일치되어 열매 맺는 인생입니다. 아래 그림의 세 요소가 분리되지 않는다면 성공하지 않을 수 없습니다. 나 혼자의 삶이 아니라 연합하는 삶, 더불어 함께하는 삶일 때 성공하는 것입니다.

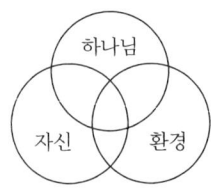

위의 세 요소를 각각 더 자세히 살펴보면 '하나님'도 셋으로, '자신'도 셋으로, '환경'도 셋으로 구성되어 있음을 알 수 있습니다. 이 각각의 요소가 서로 어떻게 연관되어 있으며 우리는 그것 중 어느 것에 치우쳐 있는지 그 성향을 살펴봄으로써 성공인생을 만들어 갈 수 있습니다. 아래 그림을 보면 '하나님'도 삼위일체, '인간'도 자기 일체, '환경'도 조건일체를 형성하고 있음을 알 수 있습니다.

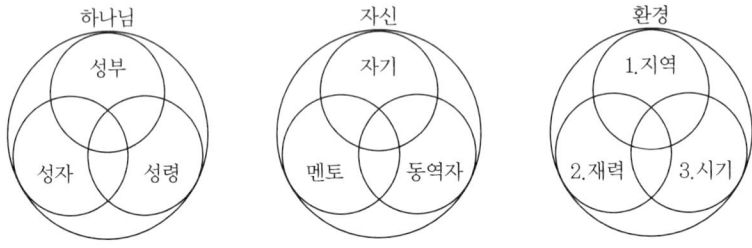

'환경'도 확대해 보면 세 가지로 구성되어 있음을 알 수 있습니다.

이제 신앙인생 성공프로그램 중에서 마지막 주제인 '환경'에 대해서 생각해보겠습니다. '환경'은 1. 지역, 2. 재력 또는 재정, 3. 시기 또는 기회 로 구성됩니다. 이 세 가지 환경 구성요소는 인생을 살아가는 모든 이들에게 많은 영향을 끼치고 있습니다. '지역'에 따라 성공하는 사람과 실패하는 사람이 있습니다. '재정'

여건 때문에 좋은 아이디어와 기술을 가지고 있으면서도 일어서지 못하는 사람이 있습니다. '기회'는 사람이 만들 수도 있지만 역사의 흐름이기도 합니다. 그러므로 예측했다고 하더라도 맞지 않는 경우가 있습니다. 그래서 기회는 하늘이 내린다는 말도 있는 것입니다.

도표 2: C(환경)를 어떻게 만들어갈 것인가?

(1) 1은? - 지역
(2) 2는? - 재력 또는 재정
(3) 3은? - 시기 또는 기회

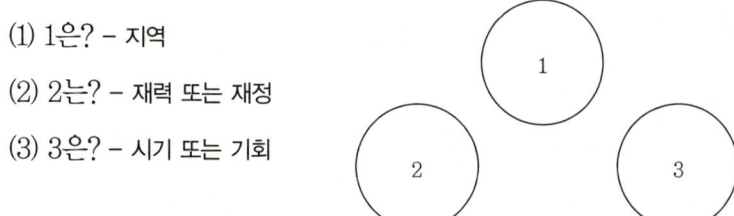

도표2를 보면 환경을 구성하고 있는 요소인 1.지역, 2.재정, 3.시기가 각각 떨어져 있습니다. 이럴 때는 사역하기가 참 어렵습니다. 모든 것이 악조건이기 때문입니다. 성부, 성자, 성령 '하나님'을 알고 또 멘토와 동역자를 포함한 '자기'를 준비했다 할지라도 환경이 따라 주지 않아서 많은 어려움을 겪게 됩니다. 이런 어려운 상황을 극복하기 위해 많은 신앙적인 고백과 정신적인 연구와 육체적인 노력이 필요합니다. 성공인생을 추구하는 그리스도인들은 '환경' 구성요소가 충분조건이 될 때까지 그에 필요한 훈련을 계속해야 합니다.

도표 3: 체계적 경영이 가능하다. 큰 손해는 없다. 그러나 큰 성공은 시간이 필요하다.

(1) 1 + 2는? – 지역 + 재력
(2) 3은? – 시기

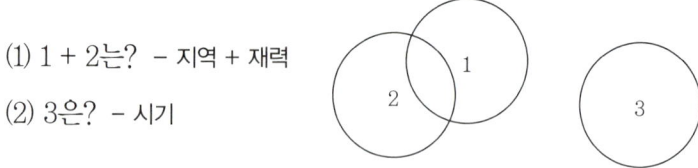

도표3을 보면 '지역'과 '재력'이 붙어 있습니다. 이 구조는 하나님의 영광을 위해, 지역사회를 위해, 자신의 목표를 위해 어떤 일을 하고자 할 때 상당히 성공할 확률이 높은 구조입니다. 그러나 '지역'과 '재력'이 뒷받침되고 시기가 떨어져 있을 때는, 장기적 투자는 가능하나 큰 이익은 쉽게 이루어지지 않습니다. 시기가 맞지 않아 큰 이익이 발생할 수 없는 것입니다. 재정이 튼튼하여 오래 견딜 수는 있습니다. 좋은 결과를 위해 필수적인 면은 지역과 재정이 가능하므로 체계적 경영이 매우 중요합니다. 쫓기는 것이 없으므로 때를 기다릴 수도 있습니다. 자기 자본으로 또는 안정된 자본으로 사역하기에 큰 손실도 없습니다. 성공을 위해서는 시간적 인내가 가장 필요하다고 할 것입니다.

예를 들어보면, 땅과 돈을 가지고 있는 사람이 사업을 시작하려 합니다. 자신의 소유인 산 기슭에 고풍스러운 산채정식 집을 개업했습니다. 지리적으로는 산 좋고 물 맑은 곳이지만 잘 알려진 곳이 아니므로 사람이 찾아오기까지 기다려야 하는 단점이 있습니다. 이때 가장 필요한 것은 인내입니다. 동시에 전문적인 홍보 전략이 필요합니다. 홍보하여 찾아 온 사람이 계속 다른 이에게 소개하여 또 찾아 올 수 있도록 좋은 메뉴와 함께 체계적 경영을 해야 합니다.

잠실효성교회의 예를 보면, 그 교회는 잠실에 있는 교육관 부지를 매각함으로 여유자금을 갖게 되었습니다. 이웃교회의 어려운 형편을 돕기도 하고 선교도 하던 중 한 지방교회의 요청으로 경기도 광주군 실촌읍 연곡리에 361평의 땅을 매입하게 되었습니다. 대지와 자금을 갖고 있던 그 교회는 구입한 대지 위에 수양관을 짓고 원주민 마을을 위해 농산물 직거래와 노인의료선교, 마을경로잔치, 미용선교 등 많은 봉사를 실시하였습니다.

그 지역 주민의 반대로 그 동안 마을에 교회가 세워질 수 없었는데, 약 3년 동안 쌓은 신뢰를 바탕으로 수양관 내에 연곡효성교회를 창립하였습니다. 이미 주민은 반대할 수 없을 만큼 좋은 관계를 맺은 터라 동네 주민을 초청하여 아주 성대하게 개척 창립예배를 드리게 되었습니다. 체계적인 경영과 사랑의 교제, 그리고 인내의 홍보를 통해 연곡리 마을에는 구원의 바람이 불게 되었습니다. '지역'과 '재정'이 가능해서 '시기'를 모르고 추진했지만, 실패나 손해 없이 결국 복된 주님의 나라가 서게 되었던 것입니다.

도표 4: 감당할 만큼의 자금 동원은 긍정적인 결과를 낳는다. 무리한 자금 동원은 수고에 비해 큰 열매를 얻을 수 없다. 계획적인 자금계획이 필요하다.

(1) 1 + 3은? - 지역 + 시기
(2) 2는? - 재력

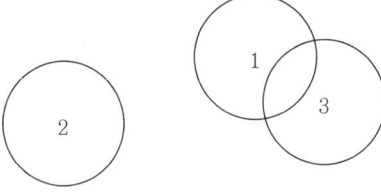

　도표4는 '지역'과 '시기'가 붙어 있고 '재정'이 떨어져 있습니다. 좋은 '지역'에 좋은 '때'를 만났는데 '재정'이 없습니다. 마치 신도시 지역에 입주 시기가 되어 교회를 짓고 싶은데 자금이 없는 상황과 비슷합니다. 이러한 구조는 현실적으로 많이 일어나는 형태입니다.

　이런 구조일 경우에는, 자금 차용은 가능하나 큰 이익은 어렵습니다. '남 좋은 일 시킨다'는 말처럼 발생한 수익이 이자로 나가기 때문에 이익 창출이 없습니다. 긍정적 측면에서 본다면 감당할 만큼의 자금 동원은 긍정적 결과를 낳을 수도 있습니다. '지역'과 '시기'가 좋기 때문에 감당할 만큼의 자금 융자는 타당하지만, 무리하게 동원하면 오히려 악제가 됨을 간과해서는 안 됩니다. 선한 뜻이 욕심으로 무너질 수 있기 때문입니다.

　경기도 지역의 한 교회는 신도시 지역에 주민의 유입이 많음을 보고 교회를 건축하기로 결정했습니다. 믿음이란 미명하에 과도한 욕심을 부렸습니다. 인구 밀집 지역인데다 아동이 많은 점을 감안하여 원어민 영어학원 등 나름대로의 부채 상환 계획을 수립하여 도전했던 것입니다. 그러나 감당할 수 없을 만큼의 무리한 자금 동원으로 인하여 결국 교회는 하나님의 영광을 가리는 부도로 이어졌습니다. 당장 모든 것이 가능하다 할지라도 감당할 만큼의 선을 넘어섬으로 그만 부도가 나게 되었던 것입니다. 그러므로 '재정'이 많이 부족할 때에는 무리하지 말아야 합니다.

요즘 우리 나라의 국민경제 계층구조가 심각한 상태로 변해가고 있습니다. 선진국형인 마름모 구조나 항아리 구조에서 후진국형인 피라미드 구조로 변해가고 피라미드 구조에서도 병든 형태로 변하고 있습니다.

모든 구조의 최상위는 상류계층 국민이 형성하고 있고, 중간 부분은 중산계층 국민이 형성하고 있으며, 하위는 하류계층 국민이 형성하고 있습니다. 일반적으로 각 계층은 경제능력과 소유상태, 그리고 학력수준을 중심으로 형성되지만, 근래의 한국은 학력수준과는 관계없이 현저히(난해)하게 형성되는 경향을 보이고 있습니다. 이것은 사회의 또 다른 문제를 야기시키고 있습니다.

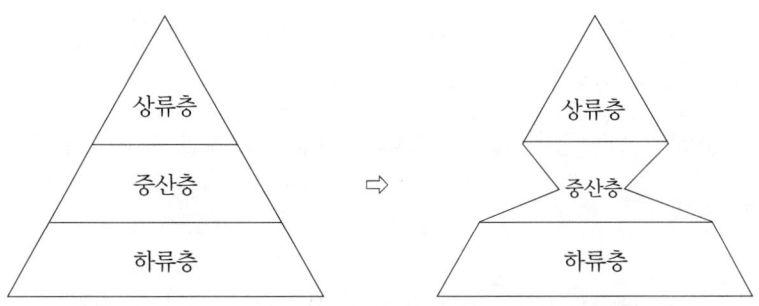

위 그림은 중산층이 무너져 가고 있음을 나타냅니다. 결국 중산층이 무너지면 하류층이 늘어나게 되는데, 하류계층의 학력수준

이 낮지 않으므로 많은 집단행동과 충동적 범죄가 아닌 계획적 범죄가 만연할 것을 암시합니다.

더 나아가 중간이 절단되어 두 계층으로 나뉘게 되면 하류계층은 불만을 데모로, 연대투쟁으로 표현하게 되고 사회는 혼란에 빠지게 되는 것입니다. 과거에는 데모의 주동자나 지시자가 많지 않았으나 요즘에 와서는 모든 사람이 잠재적 지도력을 가지고 있다고 볼 수 있습니다. 그러므로 평화로운 나라와 안정된 정의사회를 구현하는 데는 무너지는 중간계층을 세우기 위해 필요한 경제 활성화를 위한 가진 자의 의식개혁과 일자리 창출이 매우 시급합니다. 제3차 산업인 서비스업의 일자리 창출도 가능하겠지만, 전망 있는 제2차 산업이나 제4차 산업에 힘을 기울여야 합니다. 마이크로 소프트사의 빌게이츠는 최근 방송에서 다음과 같은 말을 했습니다.

"잘 사는 사람은 세금을 많이 내야 합니다."

"가진 자들이 사치하지 않고 절제하며 함께 나누면 10년 내에 전세계에는 굶는 자가 없을 것입니다."

성공한 자의 겸손한 말 한마디가 인생의 가치를 숭고하게 만들고 있습니다.

오늘날 누구든지 성공인생을 원한다면 사회구조를 이해하고 계층구조를 파악하며 '지역'과 '재정'과 '시기'를 분석해야 합니다. '환경'은 성경공부의 문제가 아닙니다. 그리고 성공한 후 더욱 가치 있는 일을 하기 위해 진정한 신앙인생 성공인생을 살아야 할 것입니다.

도표 5: 많은 전략적 홍보가 필요하다. 아니면 장소를 옮기는 것이 훨씬 효과적이다.

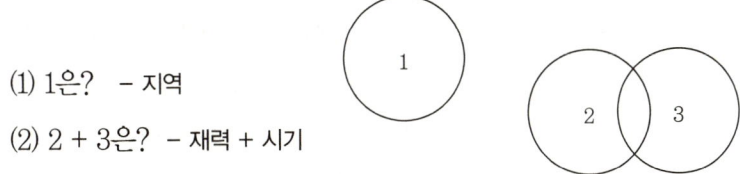

(1) 1은? - 지역
(2) 2 + 3은? - 재력 + 시기

도표5는 '지역'은 떨어져 있고 '재력'과 '시기'가 결합되어 있는 구조입니다. 이런 구조는 '재정'이 풍부하고 '시기'도 좋으므로 장소나 위치를 잘 선정해야 함은 두말할 필요가 없습니다. 하지만 아무리 '재정'이 넘치고, '시기'가 좋아도 '지역'을 잘못 선택하면 의외의 결과를 볼 수 있습니다. 그러므로 적합한 지역으로 옮기거나 전략적 요충지를 찾아 만들어 가야 합니다. 이를 위해 가장 필요한 사항은 전략적 홍보(P.R.)입니다. 홍보의 종류도 다양합니다. 합리적이고 체계적이며 지속적인 홍보가 절대적으로 필요합니다.

때로는 장소를 옮기는 것이 훨씬 효과적입니다.

자기 발견하기

각 문항마다 10점 만점으로 채점하라.

(1) 당신이 활동하고 있는 지역은 무엇에 근거하며 만족하고 있는가?

　　선택한 지역인가, 마지못해 사는 지역인가, 잠시 체류하는 지역인가?
- 의도가 있으면 점수가 높고 마지못해 살고 있으면 점수가 낮다.

(2) 당신이 신앙인생을 성공하기 위해 살고 싶은 지역은 어떤 곳인가?

　　선택한 이유가 하나님과의 관계성과 비전의 현실성에 연관이 있는가?

　　① 대도시　　　② 중소도시　　　③ 지방 또는 시골

(3) 살고 싶은 지역의 우선순위를 보기에서 골라 차례대로 쓰시오.
- 보기 : 교육(학원), 교통(이동), 문화(예술),
　　　　인구(도시), 자연(시골), 정보(영업), 종교(신앙)

현재 살고 있는 지역과 비교하여 상이도에 따라 점수를 배정하라.

　　①　　②　　③　　④　　⑤　　⑥　　⑦

(4) 최근에 당신은 물질로 인하여 감정적 충동을 어느 정도 느끼는가?(감성도)
- 심했다면 점수가 낮고 감정적 동요가 별로 없었다면 점수가 높다.

(5) 당신은 물질이 필요할 때 자금을 마련하는 능력이 어느 정도인가?(이성도)
- 마음만 먹으면 얼마든지 마련할 수 있다면 점수가 높다.

(6) 물질에 대한 약속의 중요성과 대인관계의 친밀성(돈을 빌리지 못했을 때)은 어느 정도인가?
약속을 반드시 지키는가, 돈을 빌려주지 않아도 관계를 단절하지 않는가?
- 나는 반드시 약속을 지키는데, 반면 빌려주지 않는 자와는 단절한다면 점수는 낮다. 갚지도 않고 꿔주지도 않는다면 영점이다.

(7) 시기를 선택하는 근거는 무엇인가?(신앙, 시사, 소문)
- 계시 또는 신앙, 시사 돌아가는 상황, 분위기, 소문을 듣고 한다.
신앙(감동, 환상, 초자연적 현상)과 시사가 공존하면 점수가 높고 소문에 의지하면 낮다. 전적으로 신앙(감동, 환상, 초자연적 현상)에 의지하는 사람은 '하나님' 도표에서 '성부'와 '성자'의 점수가 높은 자만이 인정될 수 있다.

(8) 찬스가 왔을 때 시간계획표나 일정표를 먼저 작성하는가, 일을 먼저 추진하는가?
- 계획표와 일정표를 참고하는 사람이 점수가 높다.

(9) 때에 있어서 선택성과 성실성은 어느 정도인가?

선택은 망설이지 않는가 일을 추진함에 있어서 쉽게 미루거나 포기하지는 않는가?

- 망설이지 않고 선택한 일을 성실히 추진하면 점수가 높다.

(10) 환경(지역, 재력, 시기)에 대해 우연성을 어느 정도 믿는가?

- 주님의 섭리 안에서 필연성을 의지하면 점수가 높다.

＊자기 발견하기 채점 평가표

- 30점 미만 : 기회를 기다리라. 그리고 학습과 훈련에 뛰어 들라.
- 60점 미만 : 유지해 가고 견뎌내고 있는 상황이다. 돕는 자의 손길을 구하라.
- 90점 미만 : 좋아지고 있으며 희망이 엿보인다. 한 우물을 파라.
- 90점 이상 : 하나님의 나라와 불쌍한 영혼을 위해서 희생하고 헌신하고 내어 놓을 때가 온 것이다. 충성하라.
- ①~⑥, ⑦~⑫, ⑬~? 중 어디 점수가 낮은가를 확인하여 원인을 찾아야 한다.

'환경' 복습하기

1. 도표 1 : 성공 밴 다이어그램(Van Diagram)

   (1) A는? - 하나님(성부, 성자, 성령)

   (2) B는? - 자신(자신, 멘토, 동역자)

   (3) C는? - 환경(지역, 재력, 시기-기회)

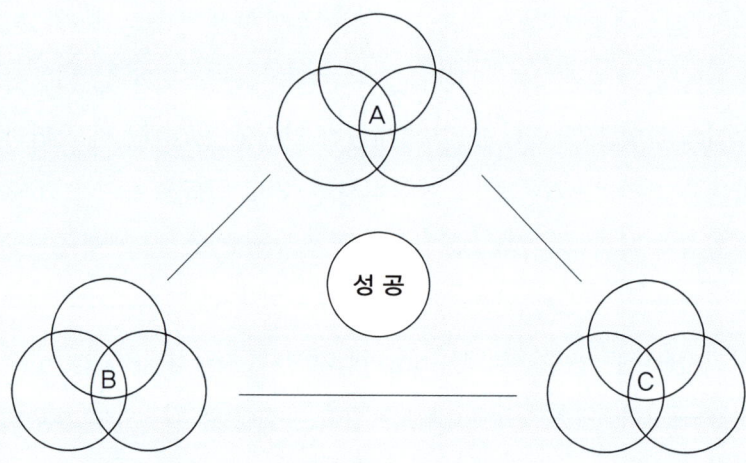

2. 도표 2 : C(환경)를 어떻게 만들어 갈 것인가?

   (1) 1은? - 지역

   (2) 2는? - 재력

   (3) 3은? - 시기

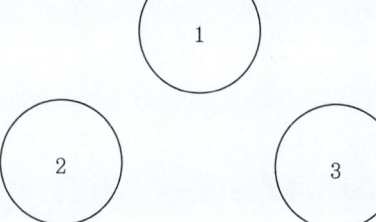

3. 도표 3 : (체계적 경영)이 가능하다. 큰 손해는 없다. 그러나 큰 성공은 (시간)이 필요하다.

(1) 1 + 2는? – 지역 + 재력
(2) 3은? – 시기

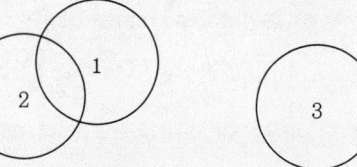

4. 도표 4 : 감당할 만큼의 (자금 동원)은 긍정적인 결과를 낳는다. 무리한 자금 동원은 수고에 비해 (큰 열매)를 얻을 수 없다. (계획적인) 자금 계획이 필요하다.

(1) 1 + 3은? – 지역 + 시기
(2) 2는? – 재력

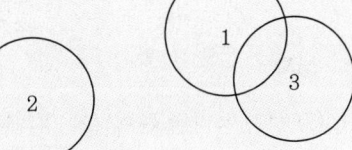

5. 도표 5 : 많은 (전략적 홍보)가 필요하다. 아니면 (장소)를 옮기는 것이 훨씬 효과적이다.

(1) 1은? – 지역
(2) 2 + 3은? – 재력 + 시기

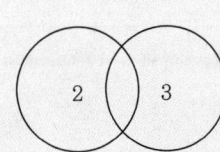

| 제5장 |
자기강화
이야기

목회자는 누구인가?

목회자는 하나님께 소명을 받은 자로서 하나님의 일을 하는 자이다. 특히 하나님의 백성을 하나님의 말씀으로 하나님의 방법에 따라 하나님의 원하시는 곳으로 양육하며 인도해 가는 청지기이다. 그러기에 목회자는 언제나 목회적 삼각관계(하나님, 백성, 목회자)에 놓이게 된다.

참된 목회자는 항상 목회적 삼각관계의 중요성을 염두에 두어야 한다. 왜냐하면 영적인 중개자의 역할을 하기 때문이다. 따라서 참된 목회자는 먼저 하나님에게 귀를 기울여야 한다. 하나님의 말씀을 듣고 하나님이 원하시는 방법을 찾아 하나님의 원하시는 때에 실행하여야 하기 때문이다. 뿐만이 아니라 다음으로는 반드시 백성에게 눈을 돌려야 한다. 무엇을 먹여야 건강하고 언제 일으켜 세워야 행진할 수 있는지, 어디에 머물도록 해야 안전하며 어떻게 양육해야 변화가 되는지를 살펴보아야 하기 때문이다.

그런데 하나님의 음성을 듣는 것은 목회자마다 차이가 있다. 어떤 목회자는 민감하여 작은 것까지도 듣는 반면, 어떤 목회자는 둔하여 큰 것조차도 깨닫지 못하는 경우가 있다. 그러므로 모든 목회자는 겸손히 자신을 하나님 앞에서 더욱 강화시켜야 한다.

아울러 백성의 상황을 살펴보아야 하는 목회자도 많은 차이가 있다. 어떤 목회자는 친밀하고 섬세하여 모든 백성의 상태를 잘 파악하는 한편, 어떤 목회자는 무관심하고 게으른 나머지 백성의 상태를 전혀 모르는 자도 있다. 그러므로 모든 목회자는 자신을 백성들 앞에서 더욱 강화시켜야 한다.

그렇다면 목회자가 자기를 강화시킨다는 것은 구체적으로 어떤 것일까?
한마디로 말하면 자기의 구성요소인 멘토와 동역자와 자신을 모두 회복시키며 발전시키는 것이다. 목회자의 자기는 혼자가 아니다. 멘토와 동역자와 자신이 함께 묶어져 있는 것이다. 자신이 살아오는 동안에 멘토(스승, 안내자, 지도자 등)가 있었고, 동역자(친구, 관계자, 협력자 등)가 있었을 것이다. 그러므로 혼자인 듯하나 결국은 함께 연결되어 있는 것이다. 따라서 멘토와의 관계를 더 높고 넓게 만들고 동역자와의 관계를 더 깊이 있게 세워가야 훌륭한 자기가 될 수 있다. 이런 자기를 '자기일체' 라고 한다. 결국 자기를 강화시킨다는 것은 자기일체를 개발하고 극대화하는 것이다. 그러기 위해 자기일체의 핵심인 자신을 먼저 개발하고 극대화해야 한다.

믿는 자는 영적 리더십 있어야

일반적으로 자신은 예수를 믿는 자와 믿지 않는 자로 나뉜다.

예수를 믿는 자는 하나님의 형상이 예수 그리스도의 구속으로 말미암아 회복되어져서 살아 있고, 믿지 않는 자는 하나님의 형상이 죄와 허물로 죽은 상태이다. 예수를 믿는 자는 영적 리더십이 있으며 신앙인생을 살아가고, 예수를 믿지 않는 자는 영적 리더십이 없으며 신념인생을 살아간다.

예수를 믿는 자의 자신은 왼쪽의 이성적 영역과 오른쪽의 감성적 영역으로 구성되어 있다. 이 두 영역은 구속의 은총으로 인해 회복된 하나님의 형상이 영향을 줌으로 말미암아 예수 그리스도만 잘 믿고 신앙생활해도 중간적 단계(객관적 단계, 보편적 대인관계 단계)까지는 성장하게 된다.

뿐만 아니라 이성적 영역과 감성적 영역의 여러 요소가 서로 연계성이 있음으로 한 부분의 계발은 다른 부분에게도 효력을 미치게 되어 시간이 지남에 따라 전체적인 성장이 가능해 진다.

성장의 단계는 일차적으로 개인 안정의 단계가 있다. 그 후 더 성장하여 공동체 융화의 단계가 있고, 마지막으로 공동체 인도의 단계가 있다. 개인 안정의 단계는 이성적 영역과 감성적 영역이 스스로를 사랑할 수 있는 자존감의 단계이다. 누가 무엇이라고 압박을 하여도 크게 흔들지 않고 자신을 소중하게 생각하는 자기사랑의 단계이다. 그렇지만 다른 사람과의 관계는 미흡하여 소외되거나 고독해 지는 경우가 많다.

반면 공동체 융화의 단계는 자신을 소중히 여길 뿐만 아니라 다른 사람과의 관계도 원만하여 공동체와 잘 어울리는 중간적 단계(객관적 단계, 보편적 대인관계 단계)에 도달한 모습이다. 더 나아가 공동체 인도의 단계는 전문적 단계로서 공동체를 이끌고 보다 나은 곳으로 지도, 인솔해 가는 지도자의 단계이다

목회자가가 자기강화 즉 자기일체 극대화를 이루어 가는데 세 단계가 있다.

첫째는 '개인 안정의 단계' 이고, 둘째는 '공동체 융화의 단계' 이며, 셋째는 '공동체 인도의 단계' 이다. 이 중 가장 높은 단계인 '공동체 인도의 단계' 에 도달하려면 절대적으로 자기 계발이 필요하다. '개인 안정의 단계' 와 '공동체 융화의 단계' 는 신앙생활을 하는 중에 자연스럽게 이루어지는 반면 '공동체 인도의 단계' 는 이성영역과 감성영역 상호간에 연계성이 없을 뿐 아니라 이성영역이나 감성영역 내에 있는 분야들끼리도 전혀 연계성을 갖지 못한다. 따라서 각 분야를 개별적으로 훈련하지 않으면 절대 도달할 수 없는 것이다.

목회자의 사역목표는 자기 신앙 하나를 관리하는 자들이 아니다. 자신을 관리함은 두말할 나위도 없고 공동체 전체의 신앙을 관리하는 것이다. 그러기 위해서 공동체 각각의 분야와 필요와 수

준을 알고 그들을 세워가며 이끌기 위해서 한 분야, 한 분야 훈련해야 한다. 사실 이성이든 감성이든 어떤 영역에서 한 분야만 훈련이 되어져도 그 분야가 탁월해지기 때문에 '공동체 인도의 단계'에 들어갈 수 있다.

예를 들어 감성영역에 '성품' 분야를 살펴본다면, 처음에는 자연스럽게 '성품'이 신앙 안에서 성장하여 다른 분야에도 어느 정도 영향을 주어 '개인의 안정의 단계'나 '공동체 융화의 단계'까지 도달하게 된다. 그렇지만 전문적인 성품훈련을 통해 '성품'이 모든 사람보다 뛰어나 '공동체 인도의 단계'에 도달하게 되면 공동체 전체의 모든 사람에게 감동을 주면서 그들을 인도하게 되는 것이다. 만약 여기에 이성영역의 '판단력'이 전문적으로 훈련받아 연합한다면 그 인도력은 훨씬 높아지는 것이다. 그러므로 많은 목회자들은 한 분야뿐만이 아니라 여러 분야를 탁월하게 전문적으로 계발하고 훈련하여 자신의 목회공동체를 아름답게 이끌어 가려고 도전한다.

그러나 대부분의 목회자는 한 분야를 전문적으로 계발한 후 부족한 부분은 다른 목회자를 훈련시켜 함께 팀사역 한다. 이렇게 할 때 공동체는 이상적으로 강화된다. 이 때 가장 중요한 것은 분야가 다른 전문목회자들의 융화이다. 또한 전문목회자들의 사례비의 균형이다. 왜냐하면 모든 교회가 넉넉한 재정상태를 갖고 있는 것이 아니기 때문이다. 그러므로 겸손은 전문목회자의 필수적인 덕목임을 다시 한 번 강조하고 싶다.

그럼 이번에는 목회자의 '자기강화'에 대한 반대 내용을 살펴보자.

목회자는 지속적으로 자기일체(자신, 멘토, 동역자가 하나가 된 자기)와 공동체가 성장하는 것만을 맛보는 것은 아니다. 예상치 못한 때에 오히려 유혹과 위기를 만나기도 한다. 예를 든다면, 어느 정도 이성영역과 감성영역이 계발된 목회자는 자신의 계발된 능력으로 목회의 대상인 백성들, 성도들을 잘 인도해 간다. 또한 점진적인 교회공동체 성장을 경험하면서 큰 기쁨과 보람에 빠지기도 한다. 이 때 대부분 안일, 안주, 구태의연한 반복 등의 유혹을 받게 된다. 경우에 따라서는 의외의 복병인 시험, 대적, 훼방 등의 위기를 만나기도 한다. 이와 같은 유혹과 위기는 내부적으로도 일어나지만 외부에서 오는 경우가 더 많다.

물론 자기를 강화한 모든 목회자가 성장을 경험하는 것은 아니다. 자기계발이 이성영역으로든 감성영역으로든 잘 조화되어 있다 하더라도, 오히려 공동체가 둔화되어 자신의 한계로 유혹과 위기에 빠지는 경우도 많다. 이러한 경우는 대부분 환경적 요인이나 시기적 요인 때문이다. 아무리 노력해도 공동체의 변화는 보이지 않고 점점 더 나락으로 떨어짐을 경험할 때 그릇된 수단과 방법을 사용하여 쉽게 리더십을 발휘하려는 충동적 유혹을 받기도 하고, 때로는 무조건 목회현장을 포기하고픈 유혹을 받아 절망하기도

한다. 뿐만 아니라 조금 성장하는 듯 할 즈음에 시기와 분열, 그리고 반대하는 세력과 대적이 나타나 공동체의 붕괴를 일으키려는 위기를 직면하기도 한다.

이런 위기는 목회자의 강화된 외면(전문적인 훈련에 의해 강화된 부분)에 먼저 충격을 가한다. 전문화된 부분을 무기력하게 만들어 효과적인 지도력을 발휘하지 못하도록 만드는 것이다. 그리고 더 심해지면 내면(자연적으로 성장한 연계성 있는 부분)에까지 파고들어 온다. 이 정도가 되면 지도력의 상실은 물론 대인관계에 손상도 피할 수 없게 된다. 이런 위기의 심화를 '상처'라고 한다.

외면의 초기적 '상처'는 자신과 공동체에 큰 타격을 주지는 않는다. 그렇지만 반복되는 경우 개인의 기분과 공동체의 분위기가 서서히 바뀌어 간다. 외면의 상처가 중기적 또는 말기적으로 되었을 때는 비로소 리더십의 부재와 무력 현상이 나타나고 공동체는 그 구성원이 더 이상 목회자를 따르지 않는 공황상태를 경험하게 된다. 외면의 말기적 '상처'는 내면의 '상처'로 이어진다. 내면의 '상처'가 심화되면 공동체의 구성원의 한 사람보다도 못한 말과 행동을 하게 되면서 타락한 목회자가 된다. 결국 자신 하나도 주체할 수 없을 정도의 '상처'를 가진 목회자는 급기야 '중독'에 빠진다.

목회자가 자기를 강화하고 극대화하여 교회의 성장을 이루는 것은 매우 감사한 일이며 칭찬받을 일이다. 반면 목회자가 내면적으로든 외면적으로든, 시기적으로든 환경적으로든, 이성적 영역으로든 감성적 영역으로든, 자의든 타의든 유혹과 시험을 받아 상처를 입고 급기야는 중독으로 이어져 공동체와 함께 무너진다는 것은 너무도 슬픈 일이며 책망 받을 일이다.

상처가 쌓이면 자학적 증세가 나타난다. 목회자 스스로가 자기를 학대하며 심한 비관적 태도를 갖는다. 스스로를 무능력하다고 정죄하며 홀로 있으려 하고 대인관계의 단절을 선언한다. 결국 어려워진 목회적 상황은 더 힘들게 더 난감한 상황으로 변한다.

예전보다 훨씬 나빠진 상황을 받아들이기 어려운 자학적 목회자는 자해적 증세를 보이기 시작한다. 마음으로나 말로 자신을 학대하던 것에서 행동이나 도구를 사용한 타격으로 자신을 상해하기 시작한다. 특히 혼자 있을 때 극단적 생각을 하면서 해서는 안될 가혹한 행위를 하기도 하지만, 다른 사람들 앞에서 보여주려고 강도 높은 자해를 행하기도 한다.

이러한 상황에 도달하면 경건에 의지하는 힘도 바닥이 난다. 기도도 찬송도 말씀묵상도 귀찮고 무가치하게 느낀다. 다른 사람의 신앙적 충고도 전혀 귀에 들리지 않는다. 이 때 비로소 생에 대한 심한 공허를 맛보고 급기야 자살에 대한 충동을 느낀다.

목회자의 자살 충동은 그 상처의 깊이를 말해 주고 또한 그간의 고통과 아픔의 양을 대변해 주는 것이다. 이와 같은 상황에서 자살은 할 수 없기에 다른 형태로 표출하여 나타내게 되는데 그 중에 하나가 중독인 것이다. 일반적으로 나타나는 목회자의 중독 중

몇 가지를 살펴보면 다음과 같은 것이 있다.
중독은 일반적으로 현실도피의 성향을 내제하고 있다.

첫째는 스포츠 중독이다. 운동에 지나치게 많은 시간을 할애한다. 자신의 목회 공동체를 돌아보는 시간이 현저하게 줄어들고 비가 오나 눈이 오나 운동에 집중한다. 그리고 과도한 땀을 흘리면서 대리만족을 통해 위로를 느끼는 것이다.

둘째는 일중독이다. 가혹하리 만큼 많은 일을 만들고 대부분의 시간을 그 일을 완성하는데 보내는 것이다. 날마다 분주한 삶을 연출하고 그 바쁨 속에서 만족을 느낀다. 그러나 정작 생활에 변화는 일어나지 않는다. 오히려 시간이 흐름에 따라 완벽주의라는 정신적 고통에 빠지게 된다.

셋째는 종교적 행위 중독이다. 이것은 매우 조심스러운 내용이다. 구별이 쉽지 않기 때문에 현상만을 보고 함부로 단정 지어서는 안 된다. 일반적으로 매사에 모든 것을 신에게 귀속 시키고 자신의 무능력을 정당화 한다. 얼핏 보면 매우 깊은 신앙인처럼 보이지만 자신의 의무나 책임을 회피한 채 각종 종교행위에만 집중하기 때문에 현실 문제를 직시하고 해결해 나가는 요인과 과정이 전혀 나타나지 않는다.

일명 '교회에서 산다' 는 표현을 쓴다. 그렇지만 그 결과는 매우 파괴적이다.

넷째는 성 중독이다. 성은 하나님이 주신 신성한 선물이다. 이 선물을 잘 관리하고 열매를 맺도록 하기 위해 하나님은 결혼의 제도를 제정하셨다. 인간은 이것을 순리대로 사용하여 하나님의 뜻을 이루고 자신과 타인에게 행복을 주어야 한다.

구약에서 성은 육체적인 것에 비중을 두었다. 그래서 간음은 큰 죄에 해당되었다. 반면 신약에서는 성을 심적인 것으로 확대하였다. 예수님은 사람이 음행을 하지 않더라도 음욕을 품는 것만으로도 이미 간음하였다고 정죄하셨다. 육체적이든 심적이든 삐뚤어진 성에 대한 태도는 영적인 타락과 불경건을 낳는다. 그러므로 성 중독은 일반인에게 뿐만이 아니라 목회자에게 매우 위험한 병이 된다.

성 중독의 일반적인 현상은 음란물을 영상이나 인쇄매체를 통해 습관적으로 보는 것에서 시작하여 음란한 말을 하는 것과 성행위의 소리를 듣는 것, 지나친 상상을 통해 자위행위를 하는 것, 직업여성과 관계를 갖는 것, 외도를 하는 것 등으로 발전한다. 가벼운 중독이라 하더라도 철저히 치료하지 않으면 깊은 상처와 고통을 낳는다.

다섯째는 알코올 중독이다. 성경은 술에 대해 긍정적이기보다는 부정적인 경향이 짙다. 갈릴리 가나에서 물을 포도주로 바꾼 기적을 술에 대한 긍정적인 시각으로 이해해서는 좀 지나친 견해라 생각된다. 또한 몸을 위하여 약간의 복용을 허락한 바울의 견해도 술을 권장한 것으로 이해하기는 곤란하다. 오히려 잠언과 에베소서 그리고 다른 성경을 살펴보면 술에 대하여 먹고 취하는 것은 고사하고 보는 것도 금하고 있다. 알코올 중독의 희생자는 보통 과거에 술을 즐겨 먹어본 사람에게서 나타난다. 목회의 현장에서 문제를 만났을 때 말씀과 기도를 통한 경건으로 극복을 하려다가 잠재적인 유혹과 충동에 의해 첫 잔이 시작되고 나중에는 주기적으로 반복도어 중독에 이르게 된다.

여섯째는 여행 중독이다. 여행은 사역자에게 쉼의 기회를 제공하며 동시에 충전의 기회도 제공한다. 새로운 곳과 필요한 곳을 여행함으로써 몰랐던 정보를 얻는 것은 얼마나 신선한 충전인가. 따라서 적당한 휴가와 차분한 여행은 영적이며 정신적인 업무를 수행하는 사람들에게 필수적인 요소라고 할 수 있다. 하지만 지나친 여행은 현실도피의 또 다른 형태일 수도 있다. 문제를 직면하고 싸워 헤쳐나가야 할 상황에서 잦은 여행은 자신과 공동체에 큰 폐해를 주기 때문이다.

간혹 몇몇 목회자들이 여러 곳의 여행지를 자랑하듯 열거하며 언급한다. 그 말을 들을 때 '넓은 견문을 갖고 있구나' 라는 생각이 들기도 한다. 하지만 그렇지 못한 열악한 환경 속에서 고군분투하는 목회자 입장에서 고려해 볼 때 어느 정도 괴리감과 비현실적인 느낌마저 든다. 여행을 많이 하는 것도 중요하지만 꼭 필요한 때에 형편에 맞게 가까운 곳에서 먼 곳까지 조화를 이루며 혼자 또는 함께 검소하게 즐기는 것이 아름답지 않을까?

이 외에도 여러 가지 형태의 중독이 있다. 이런 중독들은 일반적으로 몇 개의 단계를 거쳐 발달한다. 첫째, 내적 갈등의 단계. 둘째, 자기 정당화의 단계. 셋째, 은폐의 단계. 넷째, 과감성의 단계. 다섯째, 무감각의 단계. 여섯째, 공격적 단계. 일곱째, 가치관 혼란의 단계. 여덟째, 사역포기의 단계.

"내적 · 외적 상처 치유 못하면 중독 낳는다"

목회자가 자기극대화를 통해 성공적 사역을 하거나 혹은 그렇지 못할 때도 내부적 또는 외부적으로부터 영적인 공격을 받는다. 이 공격을 제대로 방어하지 못하면 상처를 입게 되고 상처는 중독을 낳는다. 이런 중독은 일반적으로 몇 개의 단계를 거쳐 목회자의 마음과 생활 속에서 발달하는데 이를 좀 더 자세히 살펴보면 다음과 같다.

첫째, 내적 갈등의 단계

깊은 신앙심을 갖고 있는 목회자는 중독에 빠지면 양심적으로 큰 갈등에 빠진다. 공개적으로 드러낼 수 없기에 더욱 힘들어 한다. 자신으로 인해 성도들이 실망을 할까봐 두렵고 또한 자신이 객관적 평가에서 더 깊은 나락으로 떨어질까 봐 불안해한다. 이런 내적 갈등은 은닉의 현상을 보이며, 특히 핑계와 변명 또는 분주함을 말과 행동으로 표출한다.

둘째, 자기 정당화의 단계

내적 갈등의 단계가 어느 정도 지나면 자기 합리화가 시작된다. 자연스럽게 자기를 정당화하면서 모든 원인을 전가하거나 자신이 중독되어 있는 일에 대하여 지나친 타당성 또는 유익성을 강조한다. 뿐만이 아니라 많은 사람을 지나치리만큼 독려하여 그 일에 같이 동참하도록 권유한다. 혹 그 일에 대해 다른 의견을 가진 사람이 등장하면 왕따를 시키거나 무시하기도 한다.

셋째, 은폐의 단계

중독이 심해지면 사람들의 평가를 의식하게 된다. 왜냐하면 많은 시간을 그 일에 할애하기 때문이다. 그러므로 점점 은밀하게 진행하면서 점점 깊이 빠지게 된다. 은폐를 지속하게 되면 목회자 개인의 문제로만 끝나지 않는다. 결국에는 성도와의 관계가 어색해지고 더 나아가서는 적대관계까지 발전할 수 있다.

넷째, 과감성의 단계

과감성의 단계가 되면 누구와 어떠한 관계가 되어도 상관이 없다는 마음과 자세로 행동하게 된다. 내가 빠져있는 이 일에 대해서 이의를 제기하는 모든 사람에게 과감하게 적대적인 발언과 행동을 서슴지 않게 되는 것이다. 모든 사람이 나에게 동조하지 않으면 소외당하여도 상관없다는 식으로 행동하게 된다. 이 일이 계속되면 많은 경우에 정상적인 생활이 불가능하게 된다.

다섯째, 무감각의 단계

무감각의 단계는 몇 가지 영역에서 나타나는데 특히 사람을 의식하지 않거나 시간적인 개념이 흐려진다. 또한 주변이 매우 어지럽혀져도 별로 신경을 쓰지 않고 극도로 게을러지게 된다. 또한 의식주에 있어서 불규칙적이어서 건강에 대한 생각도 매우 무감각해진다. 가장 큰 문제는 사역에 대한 열정을 잃어버리고 하나님에 대한 의식 그리고 소명의식이 희박해지는 점이다.

여섯째, 공격적 단계

목회자가 중독을 은폐하는 것은 아직 회복의 가능성을 갖고 있다는 뜻이다. 왜냐하면 다른 사람을 의식하고 있기 때문이다. 그러나 주위를 의식하지 않고 중독을 과감하고 대범하게 행동으로 옮기는 것은 사람을 무시하는 것이므로 회복을 위해서는 전문적인 치료가 필요하다. 더 나아가 자신의 중독에 대해 아무런 느낌이 없는 무감각 상태에 빠지게 되면 그 때부터는 자신이 하고 있는 중독적 행동에 대해 옳고 그름을 판단하는 단계를 넘었으므로 더욱 적극성을 띠게 된다.

이것을 중독의 공격성이라 하는데, 이 단계에 이르면 자신이 빠져있는 중독에 대해 많은 시간, 많은 물질, 많은 모임, 많은 활동 등을 갖게 되며 지나치리만큼 그것과 관계되는 일을 찾아 헤매게 된다. 이 때 자신의 하는 일에 대해서 충고를 하거나 제재하면 심한 분노와 폭언 또는 폭력을 표출하기도 한다.

일반적으로 목회자에게서 심한 분노나 폭언 또는 폭력을 행하는 모습을 보게 된다면 대부분의 사람은 큰 충격에 빠지게 될 것이다. 특히 충고나 제재는 가까운 사람들에 의해서 이루어진다. 그럼에도 불구하고 그들에게 분노나 폭언, 폭력 등 공격적 행동을 한다는 것은 매우 위험하고 두려운 일이 아닐 수 없다. 가끔 이와 같은 현상들이 설교 도중에 언어폭력으로 나타나는 경우도 있어 우리를 경악하게 한다.

일곱째, 가치관 혼란의 단계

목회자는 진리를 전하고 가르치고 훈련하는 전문적인 사역자다. 따라서 자신에 대해서는 물론이요 맡겨진 모든 영혼에 대해서 분명하고 철저해야 한다. 그러기 위해서는 성서적인 가치관과 세계관 그리고 정의에 입각한 객관적 사회관을 정립하고 있어야 한다. 또한 다분히 이타적이어야 하고 탈세속적이어야 한다.

그런데 중독의 공격성이 자연스럽게 표출되는 단계에 도달하게 되면 자기 자신만을 생각하는 극단이기주의 상태에 빠진 것이므로 가치관에는 엄청난 혼란이 찾아온다. 뿐만 아니라 비현실적 세계관을 갖게 되고 대인관계의 단절에서 오는 일탈적 사회관 및 왜곡된 문화관을 언행과 생활에서 보여 준다. 물론 정상적인 지도자의 사역을 할 수 없음은 두말할 나위도 없다. 그럼에도 불구하고 목회 현장을 붙잡고 소수의 무리 또는 추종자들과 함께 그릇된 종교행위를 지속해 가는 경우가 있어 종교계에 큰 문제를 낳고 있다.

여덟째, 사역포기의 단계

자신의 결정이든 타인의 권유이든 결국 중독이 심해진 목회자는 사역을 포기하게 된다. 그러나 대부분 사역의 포기는 목회의 중단으로만 끝나지 않는다. 한 인간의 삶의 포기, 인생의 포기로 이어진다. 극도의 비관에 따른 자학과 죄책에 대한 자해 그리고 무기력과 무능에 대한 절망으로 결국 신앙까지도 포기하고 자살에 이르기도 한다.

하지만 목회자들은 자신의 중독에 대한 심각성을 지나치게 고민하지 않는 경향이 있다. 성도들의 심각성은 지나치리만큼 섬세하게 보고 걱정하는 반면 자기에 대해서는 너무도 관대하거나 무감각한 것이다. 결국 이와 같은 목회자의 태도는 소명 받은 모든 것을 포기하게 만드는 고질적 병으로 발전하고 부정적 결말을 낳는 것이다.

그러기에 목회자의 자기강화는 성령의 도우심 안에서 계속되어야 한다.

위의 내용을 도표로 이해해 보자.

도표 1 자기강화

1. '자기강화'란 무엇인가?
   (1) 자기 – 자기일체
   (2) 강화 – 개발, 강화, 극대화

2. '실행프로그램'이란 무엇인가?
   (1) 실행 – 훈련, 습관
   (2) 프로그램 – 일정

3. '자기일체 극대화' 서클 다이어그램(Circle Diagram) 완성상태 도표
   (1) 1 ~ 8은 – 줄기
   (2) 9 ~ 16은 – 뿌리

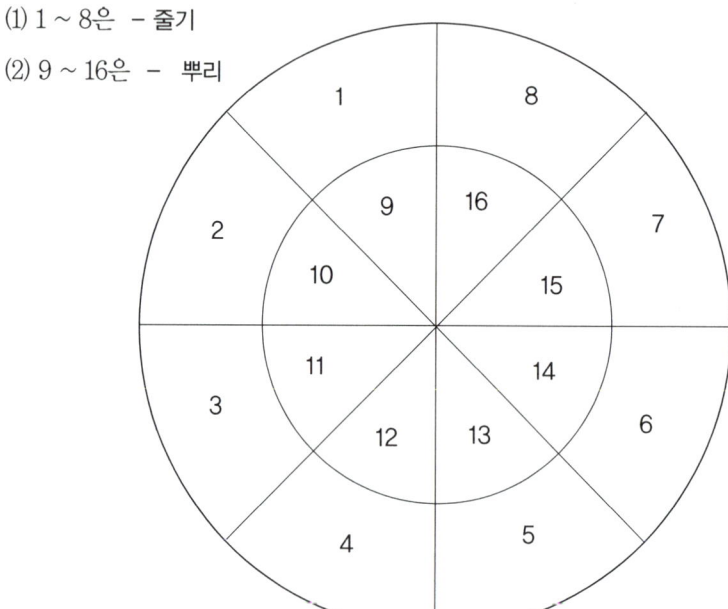

(3) 1 ⇐ 9 - 성품
(4) 2 ⇐ 10 - 용기
(5) 3 ⇐ 11 - 열정
(6) 4 ⇐ 12 - 책임감
(7) 5 ⇐ 13 - 비전
(8) 6 ⇐ 14 - 문제해결
(9) 7 ⇐ 15 - 판단력
(10) 8 ⇐ 16 - 의사소통

4. '자기일체 극대화' 미완성상태 도표

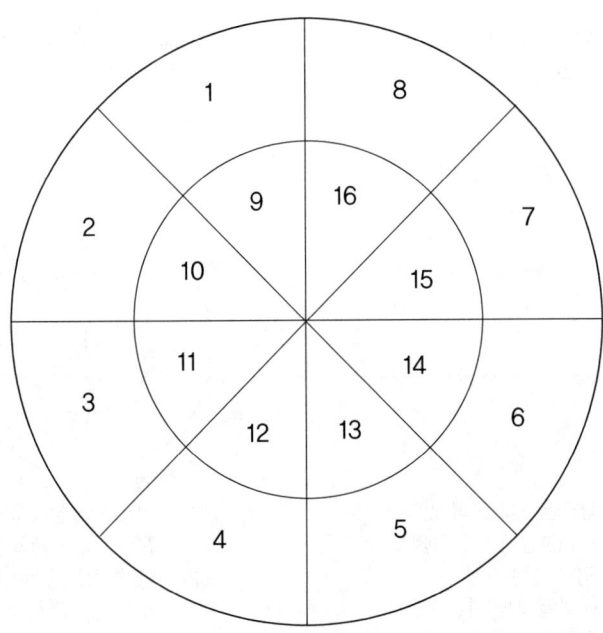

도표 2 자기강화 영역들

1. '자기강화' 서클 다이어그램(Circle Diagram)

   (1) 예수 믿지 않는 자

   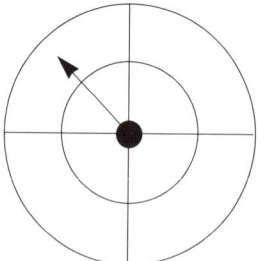

   ① 하나님의 형상(Image of God) 죽음

   ② 영적 리더십 없음
   ③ 신념인생

   (2) 예수 믿는 자

   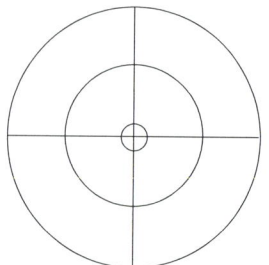

   ① 하나님의 형상 회복
   　　(잠재되어 있어 안 보임)
   ② 영적 리더십 있음
   ③ 신앙인생

   (3) 감성 영역

   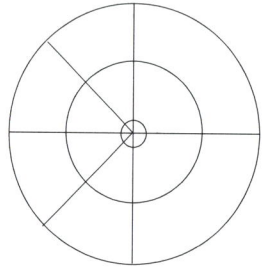

   ① 내면은 연계성이 있다
   　 - 기본실력 - 신앙생활
   ② 평안, 성령관계
   　 - 화목, 사람관계
   ③ 음성이 들린다 - 위로받게 됨

   (4) 이성 영역

   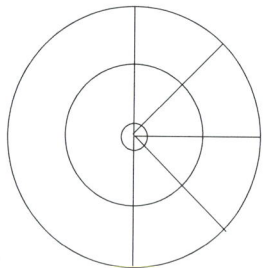

   ① 외면은 연계성이 없다
   　 - 전문실력 - 계획훈련
   ② 소망, 방향관계
   　 - 자신감, 문제관계
   ③ 이해가 된다 - 사역하게 됨

(5) 개인의 안정　　(6) 공동체 융화　　(7) 공동체 인도

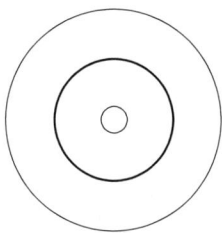 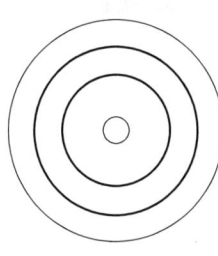 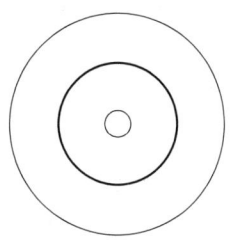

①　　　　　　　①　　　　　　　①
②　　　　　　　②　　　　　　　②
③　　　　　　　③　　　　　　　③

감성영역 1 : 성품

목회자의 자기강화 프로그램 중에 먼저 감성적 영역인 "성품"을 살펴보고 계발해 보자.

성품이란, 특질(Character), 성격, 기질(Disposition), 성질, 경향 등으로 표현할 수 있다.

일반적으로 사람이 살아갈 때 삶의 위기에 대처하는 방식은 성품에 따라 결정된다. 성품이 성숙하게 계발된 목회자는 너무 좋은 때이든 심히 좋지 않은 때이든 대처해 나가는 태도가 일관성을 보인다. 그러나 그렇지 못한 목회자는 굴곡이 심하고 감정표현이 확연하게 드러난다. 목회자가 목회를 해 나갈 때 상상을 초월하는 어려움을 만날 때가 왜 없겠는가! 그 때 어떤 성품을 갖고 있는가에 따라 그 대처하는 모습이 다르므로 그 결과도 다르게 만든다. 이 때 목회자의 일관되게 대처하는 모습은 따르는 사람들에게 커다란 충격을 주며 긍정적 반응을 보여 그 이후에 행동과 태도를 결정케 한다.

성품은 행동으로 정확히 계측되는 일종의 내면적인 마음이다. 즉 행동을 보면 그의 성품을 알 수 있는 것이다. 왜냐하면 모든 행동은 결국 그 성격, 성질, 성품에서 나오기 때문이다. 따라서 성품의 역할은 그 사람이 누구인가를 결정짓는다.

각 사람의 성품은 타인에게 자신이 어떤 사람인가를 결정지어 주고, 또한 자신이 무엇을 볼 것인가를 결정지어 주며, 무엇을 행할 것인가를 결정지어 주는 역할을 하는 것이다.

각 사람에게서 나타나는 재능은 하나님이 주신 선물이지만 성품은 자신이 순간순간 보여 주는 의지적 선택에 의해서 만들어진다. 목회자는 삶의 매 순간 살아가면서 목회를 위해 많은 것들을 선택하게 되고 그 선택은 자기만의 성품을 만들어 가는 것이다. 또한 자기만의 성품은 다시 새로운 선택으로 이어지기에 성품은 목회자 발전의 핵심이요 근본인 것이다.

한편, 목회자는 수없이 많은 사람들을 만나고 상대한다. 그 목적은 하나다. 영혼을 회개케 하고 구속의 은혜를 누리게 하며 미래적 이상과 비전을 갖고 전진하게 만드는 것이다. 따라서 남다른 대인관계 철학과 태도가 필요하다. 이런 면에서 성품은 대인관계 성공의 절대적 요소임은 두말할 나위도 없다.

성품에 문제가 발견되면 아무도 따르지 않게 된다. 결국 일부 목회자는 성숙하지 못한 성품을 숨기고 외식적인 모습을 보여 보지만 오래 가지 못한다.

성품의 한계를 뛰어넘는 목회자는 없다. 성품의 한계만큼 목회자는 일어나는 것이다. 성품이 한없이 넓고 깊고 아름다우면 수없이 많은 사람들이 그에게 깃드는 것이다. 그렇지 못할 때 그 성품의 넓이와 깊이와 크기만큼 소수의 사람들이 모이는 것이다. 간혹 성품에 문제가 생길 때가 있다. 이것은 갑자기 찾아온 것이 아니라 사실 오래 전부터 보여 온 것일 경우가 많다.

성품의 균열은 시간이 흐름에 따라 더 깊어지며 더 파괴적으로 변한다. 성품을 구성하고 있는 다양한 성분들, 즉 정직, 강직, 진실, 적응, 대처 등이 그 본래의 모습을 잃고 부분적으로나 또는 가능할 때에만 나타나는 타협현상을 일으킨다. 성품이 변형되고 변질되기 시작할 때 목회자의 목회현장과 목회대상자 그리고 목회방법과 목회비전이 왜곡적인 현상을 보여 많은 사람이 고통을 겪게 된다.

신약성경에는 성품에 관한 말씀을 언급한 제자들이 있다. 대표적인 사람은 바울과 베드로다. 바울은 고린도전서 13장에서 가장 위대한 성품으로 사랑을 언급했다. 역시 베드로도 겸손과 더불어 사랑을 언급했는데, 바울이 사랑이라는 성품의 특성을 나열하였다면 베드로는 성품의 발달 단계를 설명하였다. 특히 베드로후서

1장 4절부터 신의 성품에 참여할 것을 교훈하면서 "덕에 지식을 지식에 절제를 절제에 인내를 인내에 경건을 경건에 형제우애를 형제우애에 사랑을 공급하라"고 했다.

그렇다면 성도들은 목회자에게서 성품 중 어떤 요소들이 나타나기를 바랄까?

그 첫 번째 요소는 '온유함' 이다. 바울은 "사랑은 오래 참고 온유하며"(고전 13:4)라고 했다. 온유함은 사랑을 표현하는 핵심요소로서 부드럽고 따스한 것을 의미한다. 목회자가 성도들에게 인상으로도 목소리로도 태도로도 내용으로도 온유함을 보일 때 성도들은 평안과 행복을 느끼게 되고 그리스도의 사랑을 경험한다. 목회자가 화난 얼굴이나 굳은 얼굴을 할 때, 나이에 상관없이 반말을 할 때, 격한 목소리로 말을 할 때, 존중하지 않는 듯한 가벼운 언어나 직선적인 표현을 사용할 때 성도들은 응대를 하면서도 마음은 닫는 경우가 많다.

많은 목회자들은 하나님에게 대해서는 절대적인 자세와 표현을 보인다. 물론 이것은 당연한 것이다. 그러나 반면 사람에게 대해서는 정반대의 태도를 갖는 경우가 종종 있다. 아마도 자신이 신적인 권위를 부여받았다고 생각하면서 사람들에게 당당하게 군림하려는지도 모른다. 이것은 매우 위험한 발상이며 목회에 치명적인 약점이 됨은 두말할 나위도 없다.

두 번째 요소는 '인내', 즉 오래 참음이다. 목회자에게 있어서 인내란 다음과 같은 경우이다. 목회자가 목회를 하다보면 여러 부류의 성도를 대하게 되고 또 여러 상황에 처하게 된다. 어떤 경우에는 좋은 감정 상태이지만 어떤 경우에는 매우 나쁜 감정 상태에 빠지게 되기도 한다. 이 때 부드러움과 따스함을 잃지 않고 지속적으로 일관된 태도와 자세, 그리고 말과 표정을 유지해 가는 것을 인내라고 한다. 다시 말하면 인내는 온유함을 어떠한 상황에서든지 지속적으로 유지하는 것이다. 이것은 보통 어려운 일이 아니다. 특히 오해를 받을 때나 누명을 쓸 때, 또한 목회 내용을 나눔에 있어서 대화가 되지 않고 상대로부터 비전이 없는 세속적인 의견만 계속 들어야 할 때, 목회자는 평정심을 잃기가 쉽다. 이 때 인내의 모습을 보이면 당시에는 큰 변화가 없는 것 같지만 시간이 흐른 후에는 놀라운 결과로 나타난다. 많은 경우, 당시에 보여 준 인내의 성품이 존경받는 인격으로 평가되어 하고자 했던 일이 더 아름답게 성취되는 것이다.

세 번째 요소는 '겸손'이다. 겸손은 크게 두 가지로 표현될 수 있다. 하나는 '낮아짐'이고, 다른 하나는 '권위 앞에 복종'이다. '낮아짐'이란 내가 대하는 모든 사람에 대한 마음의 자세요 태도의 표현이다. 그러나 비굴한 것이나 우유부단한 것 같이 보이는 타협을 의미하는 것은 아니다. 오히려 감싸주고 수용해 주려는 너그러움이다. 또한 '권위 앞에 복종'이란 어린아이가 어른의 권위 앞에 순종하는 것처럼, 제자가 스승의 권위 앞에 순종하는 것처럼, 신하가 왕의 권위 앞에 순종하는 것처럼, 목회자가 하나님의 섭리와 엄위하심 앞에 복종하는 것을 뜻한다. 목회자의 겸손은 성도의 겸손의 거울이다. 목회자의 낮아짐은 성도의 순종의 뿌리다. 목회자의 권위 앞에 복종은 성도의 절대헌신의 기준이다.

감성영역 : 성품

1. '자기강화' 서클 다이어그램(Circle Diagram)

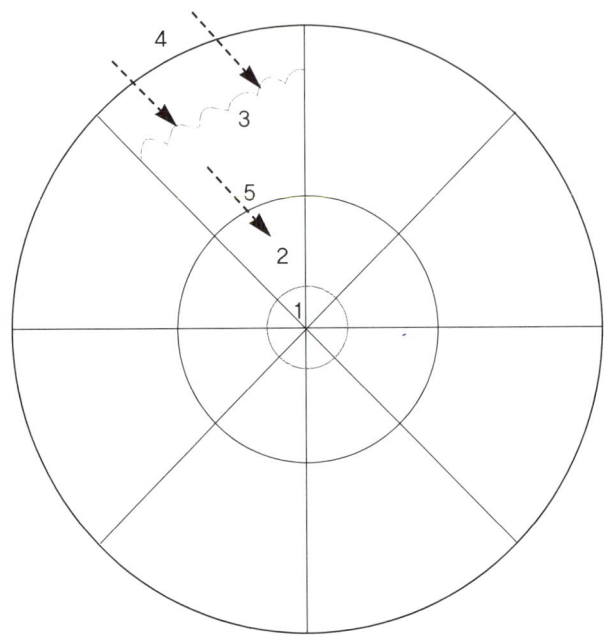

1) 1은? 성령 – 믿는 자 속에서 역사하는 영. 근본적 뿌리. 근원적 생명

2) 2는? 내면 – 연계성을 갖는다.

3) 3은? 외면 – 계획적 전문훈련이 필요하다.

4) 4는? 삶 속의 위기, 줄어드는 표면도 작용한다.

5) 1 + 2 + 3은? 성품

6) 5는? 위기가 계속되면 내면에 상처 → 질병 발생

7) 성품(character-특질, 성격/기질disposition-성질, 경향)이란?
   ① 삶의 위기에 대처하는 방식 – 이기면 더 강해진다.
   ② 행동으로 정확히 계측되는 마음 – 언행일치
   ③ 여러 성분을 가지고 있다(정직, 강직, 진실, 적응, 대처,   ). ↔ 타협
   ④ 성품의 역할 : 누구인가를 결정 – 보는 것을 결정 – 하는 것을 결정
   ⑤ 재능은 선물이지만 성품은 선택이다.
   ⑥ 인간 발전의 핵심이요 근본이다.
   ⑦ 삶의 매순간 선택하게 되고 그 선택은 성품을 만들어 낸다.
   ⑧ 대인관계 성공의 절대적 요소다. 성품에 문제가 발견되면 아무도 따르지 않는다.
   ⑨ 성품의 한계를 뛰어넘는 사람은 없다. 성품의 한계만큼 사람은 일어난다.
   ⑩ 성품의 균열은 시간이 흐름에 따라 더 깊어지며 더 파괴적으로 변한다.

이성영역 1 : 의사소통

이번에는 목회자의 자기강화 프로그램 중 이성적 영역의 세 번째로 "의사소통"을 자세히 살펴보고 계발해 보자.

목회자에게 있어서 의사소통(communication)은 매우 중요한 리더십의 한 요소로서 한마디로 정의한다면 '말하는 내용'과 '말하는 방법'을 뜻한다. 목회자는 다른 사람들과는 다르게 자신의 생각과 아이디어뿐만이 아니라 더 귀한 하나님의 진리를 전달하는 메신저이기 때문에 자신이 준비한 모든 내용을 다른 사람에게 어떻게 오해 없이 바르게 전달하느냐는 점은 정말 소중한 일이 아닐 수 없다.

좋은 관계를 맺기 위해 꼭 필요한 것은 상호간의 정확한 의사소통이다. 이를 위해 효과적인 의사전달이 필요한데 상대방으로 하여금 긴박감과 열정의 동기가 되도록 전달하는 언어방법이 바로 의사전달인 것이다.

결혼 후 가정생활을 시작하는 부부, 사회에서 창조적인 일을 하며 활동하는 사회인, 중요한 제품을 앞에 놓고 각자의 욕구를 만족시키려는 공급자와 수요자, 각 그룹이나 공동체에서 만나는 모든 사람이 대인관계를 맺는 데 있어서 가장 큰 비중을 차지하고 있는 것이 바로 의사전달이다.

그렇다면 날마다 많은 말로 영혼들을 살려야 하는 목회자는 생명력 있는 의사소통을 위해 의사전달은 어떻게 해야 할까?

첫째, 메시지를 단순화해야 한다. 간단함(simplicity)이 생명이다. 설교에 있어서도 그렇고 기도에 있어서도 문장을 짧게 하는 것이 좋다.

둘째, 상대를 이해해야 한다. 상대에게 초점, 즉 눈높이를 맞추어야 한다. 나의 청중은 누구이며 청중의 필요는 무엇인가를 항상 살펴보고 이해해야 한다.

셋째, 진실을 보여 주어야 한다. 신뢰를 주는 법은 자신이 말한

대로 사는 것이다. 아무리 좋은 말, 옳은 말을 한다 하더라도 자신이 그 말과 무관하게 생활한다면 상대는 결코 말만하는 그 사람을 진실 되게 여기지 않는다.

넷째, 반응을 구해야 한다. 구체성을 띠고 정보를 줄 뿐 아니라 느끼고, 기억하고, 행할 무엇인가를 주어야 한다. 그래서 상대로 하여금 응답이 나타나도록 해야 하다.

다섯째, 경청해야 한다. 개인이나 단체에게 비전을 갖게 하고, 동기를 부여하며, 실행케 하는 능력은 남의 말을 듣는 태도에서 시작된다. 그러므로 잘 들어야 잘 전할 수 있다.

여섯째, 명확해야 한다. 전달하고자 하는 내용은 간결함과 명료함이 생명이다. 미사여구를 사용하여 포장함으로 오히려 본 내용이 희석되지 않도록 조심해야 한다.

일곱째, 관심을 찾아야 한다. 상대가 필요로 하는 것이 무엇인지, 질문하는 것이 무엇인지, 바라는 것이 무엇인지를 정확히 확인해야 한다.

그러므로 바른 의사소통을 하고 싶다면 목회자는 쉽지는 않겠지만 반드시 말한 대로 살려고 노력해야 한다. 그러기 위해 마음을 열어놓고 수시로 다른 사람, 특히 동료들에게 자신의 삶에 대해 일관성이 있는지, 언행일치를 하는지, 물어보는 것은 또 하나의 성숙이다.

이성영역 1 : 의사소통

1. '자기강화' 서클 다이어그램(Circle Diagram)

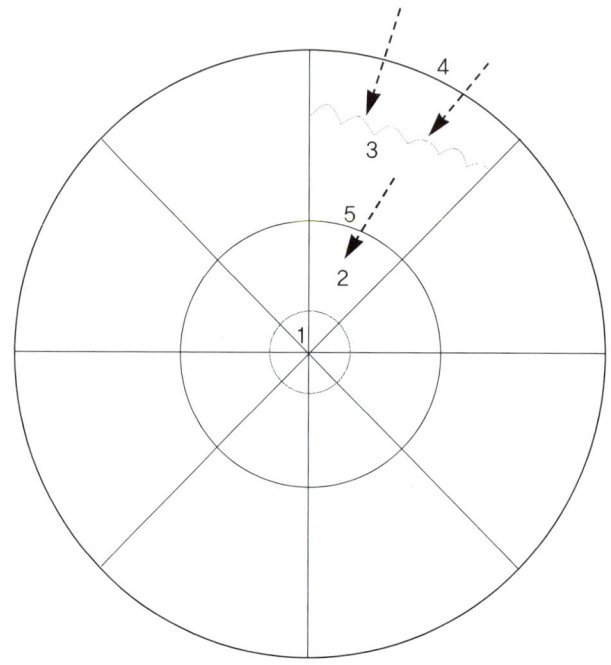

1) 1은? 성령 – 믿는 자 속에서 역사하는 영. 근본적 뿌리. 근원적 생명

2) 2는? 내면 – 연계성을 갖는다.

3) 3은? 외면 – 계획적 전문훈련이 필요하다.

4) 4는? 삶 속의 위기, 줄어드는 표면도 작용한다.

5) 1 + 2 + 3은? 의사전달(의사소통)

6) 5는?
   위기가 계속되면 내면에 상처 → 질병 발생

7) 의사전달(communication)이란? 말하는 내용과 말하는 방법을 말한다.
   ① 자신의 생각과 아이디어가 다른 사람에게 긴박감과 열정의 동기가 되도록 하는 언어 방법.
   ② 결혼(가정생활), 일, 대인관계에서 가장 큰 비중을 차지하고 있는 것.
   ③ 효과적인 의사전달 : 메시지를 단순화하라. 간단함(simplicity). 기도 문장을 짧게 하라.
   ④ 상대를 이해하라. 눈높이, 상대에게 초점을 맞추라. 나의 청중은 누구이며 청중의 필요는 무엇인가.
   ⑤ 진실을 보여 주라. 신뢰를 주는 법: 자신이 말한 것을 믿는 것, 자신이 말한 대로 사는 것.
   ⑥ 반응을 구하라. 구체성. 정보를 줄 뿐 아니라 느끼고, 기억하고, 행할 무엇인가를 주라.
   ⑦ 개인, 단체에게 비전, 영감, 동기, 실행케 하는 능력은 남의 말을 듣는 능력에서 시작된다.
   ⑧ 명확하라. 간결함. 명료함.
   ⑨ 관심을 찾아라. 필요로 하는 것, 질문하는 것, 바라는 것을 확인하라.
   ⑩ 말한 대로 살아라. 일관성. 언행일치. 자신의 삶에 대해 가까운 사람에게 물어라.

이성영역 2 : 문제해결

이번에는 목회자의 자기강화 프로그램 중 이성적 영역의 첫 번째로 "문제해결"을 살펴보고 계발해 보자.

목회자는 만능이 아니다. 그러나 만능이어야 한다. 왜냐하면 여러 가지 문제 속에 살아가는 성도들이 목회자를 슈퍼맨으로 인식하려 하기 때문이다. 영혼의 문제뿐만이 아니라 육신의 문제까지도 해결해 주리라 기대하고 찾아오지 않는가! 그러기에 목회자는 만능이 아님에도 불구하고 만능의 삶을 살기 위해 날마다 문제 속에 뛰어든다. 유한한 존재임을 스스로 알면서도 모든 것을 해결할 수 있는 것처럼 시간적 한계와 공간적 한계를 극복하며 뛰어다닌다.

목회자는 자신에게 직면한 문제를 크게 세 가지로 분류할 수 있다. 첫째는 목회비전의 문제이다. 목회비전의 문제란 목회전체를 진행해 감에 있어서 지역적 문제(도시개발이나 이전), 금전적 문제(큰 사역을 위한 재정투자) 등 공동체 전체에 영향을 미치는 문제를 해결해야 하는 것을 말한다. 둘째는 목회현장의 문제이다. 목회현장의 문제란 목회의 구성원인 멤버들에게서 발생하는 문제들로서 내부적 충돌이나 외부와의 충돌을 들 수 있다. 또한 목회 프로그램의 변경이나 신설이 필요할 때 그에 대한 인적, 물적 자원의 수급조절의 문제이다. 셋째는 목회자신의 문제이다. 목회자신의 문제란 목회자 자신이 배움의 문제, 건강의 문제, 쉼의 문제, 외부사역의 문제, 가정의 문제 등을 어떻게 결정하고 풀어 가는가의 문제이다.

문제에 대한 방관이나 막연한 지연, 더 나아가 그릇된 대처는 결국 목회자 자신의 문제를 뛰어넘어 공동체 전체에게 악영향을 미침은 두말할 나위도 없다. 따라서 목회자는 문제해결의 능력을 계발하고 길러야 한다. 어떤 종류의 문제가 언제 어디서 발생해도 당황하지 말고 차분히 지혜롭게 해결해 감으로써 공동체 전체에 안정과 평안을 주며 보다 나은 방향으로 끊임없이 성장, 발전시켜야 한다.

그렇다면 어떻게 문제해결의 능력을 키울 수 있을까? 이것이 쉽다면 누구나 할 것이다. 그러나 많은 사람은 이것을 할 수 없기에 목회자를 바라보는 것이다. 그렇다면 다른 사람과 특별히 다르지 않는 목회자는 어떻게 문제해결이라는 어려운 숙제를 잘 풀어 가는 능력자가 될 수 있는가?

우선은 문제에 대한 분류의 시각(視覺)이다. 내가 감당할 문제인가, 멘토가 감당할 문제인가, 주께 맡겨야 할 문제인가를 분류하는 냉철한 판단의 시각이 필요하다. 올바른 분류는 목회자 자신에게 부담을 덜어주고 문제해결의 성취도를 높여준다.

그 다음은 차분함 속에 문제해결의 과정(코스 또는 스케줄)을 수립하는 것이다. 문제해결의 과정을 짜는데 가장 중요한 것은 기도와 말씀이다. 자신의 마음을 다스리는 묵상은 물론이요 그 이상의 신적 지혜를 얻는 것을 말한다. 여기서 조심할 것이 있다. 충분히 생각하고 상황을 고려해서 문제해결의 과정을 짰다 하더라도 수정의 가능성을 언제나 열어놓는 여유로움이다. 충분히 기도하고 생각했기에 그 어떤 의견도 내용도 받아들일 수 없다고 한다면 오히려 미련한 결과를 낳을 수도 있기 때문이다. 마지막으로 담대한 참여와 후회 없는 결과의 수용이다. 목회자는 모든 문제의 구원자가 아니다. 해결을 위한 고용인이요, 중재자일 뿐이다. 최선을 다한 결과는 좋고 나쁨을 떠나서 겸허히 수용해야 한다. 그리고 그 다음을 기약해야 한다. 그러나 확실한 것은 이기심 없이 최선을 다한 문제해결의 노력은 대부분 큰 역사로 이어진다. 하나님이 함께 하시기 때문이다.

이성영역 3 : 비전

이번에는 목회자의 자기강화 프로그램 중 이성적 영역의 두 번째로 "비전"을 살펴보고 계발해 보자.

'비전'이란 말은 최근에 모든 분야에서 가장 많이 사용되고 있는 단어다. 교회는 물론이고 일반 기업에서도 흔히 사용할 뿐만 아니라 지도자에게 꼭 거론되는 단어다. 왠지 이 말을 듣거나 사용하면 희망이 있고 구체적인 방향이 제시되어 성공을 향해 멋있게 순항하는 듯한 느낌을 준다. 그렇다면 모든 사람이 사용하는 '비전'이란 무엇일까?

일반적으로 비전은 꿈 또는 이상의 다른 표현으로 사용되곤 한다. 즉 앞으로 인생을 살아가면서 또는 어떤 조직을 운영해 가면서 정복하고 도달해야 할 정상을 미리 제시하며 언급하는 것이다. 이와 같은 이해는 모든 사람에게 비전에 대한 동경과 경향심을 갖게 한다.

비전은 구체적으로 말한다면 '보는 것'이다. 즉 현실을 직시하고 미래를 내다보는 것이다. 이런 비전은 목회자에게 있어서 크게 둘로 나뉜다. 하나는 의지적 비전이고, 다른 하나는 섭리적 비전이다. 목회자는 자신이 목회를 하는 동시에 하나님의 목회를 하는 자다. 그러므로 보편적인 측면에서 자신이 속한 현실을 판단하고 분석하여 자기가 정복할 미래에 대한 비전을 수립하는 의지적 비전단계가 있고, 소명적인 측면에서 현실을 뛰어넘어 하나님이 주신 감동과 성령이 제시한 목표를 받아 자신과 공동체에게 제시하는 섭리적 비전단계가 있다. 여기서 중요한 것은 비전의 주체가 누구인가 하는 점이다. 목회자에게 있어서 비전은 하나님에게로부터 받아 자신의 능력으로 구체화하고 그것을 공동체에게 단계적으로 제시하는 모든 과정이라 할 수 있다.

목회자에게 있어서 비전은 언제 어떻게 만들어지며, 또한 공동체에게 언제 제시되어져야 하는가? 목회자의 비전은 목회지에서 자신에게 주어진 상황을 구체적으로 분석, 평가하고 그 내용을 하나님 앞에 내어놓고 기도하며 나갈 때 가능해 진다. 단회적인 기도가 아니라 반복적인 기도여야 하고, 정욕적인 기도가 아니라 성결적인 기도여야 한다. 경영학적인 측면보다는 신학적인 측면에서 보다 깊이 묵상하며 성령 안에서 감동받는 것이어야 한다.

일반적으로 많은 목회자는 성공한 다른 목회자의 비전을 답습하려 한다. 물론 그것이 다 잘못되거나 나쁜 것은 아니다. 그렇지만 성공한 다른 목회자의 비전은 나의 현실과 다른 상황 가운데서 수립되었을 것이고 또한 그 목회자 각자의 역량 안에서 형성되었기 때문에 반드시 따라가야 할 모범은 아닌 것이다. 이것이 세상의 비전 수립과 다른 점이라 할 수 있다.

  하나님은 목회자가 경건 가운데서 감동받아 비전을 세운다면 그것을 성취할 은사와 능력을 주시는 분이시다. 뿐만 아니라 사람을 붙여 주시고 환경을 만들어 주셔서 비전을 이루게 하사 영광을 받으시는 성실하신 분이다. 그리고 목회자가 조직이나 공동체에게 단계적으로 제시할 때 그들의 마음까지도 감동시켜 상합하고 연합케 하는 역사하시는 분이시다.

  그렇다면 목회자가 하나님으로부터 감동받는 비전의 내용은 무엇일까? 이것은 분명하다. 첫째, 하나님의 나라이다. 둘째, 하나님의 영광이다. 셋째, 영혼의 구원이다. 넷째, 말씀의 성취이다. 다섯째, 세상의 변화이다. 여섯째, 일꾼의 상급과 축복이다. 일곱째, 사탄의 멸망이다.

이성영역 4 : 판단력

　이번에는 목회자의 자기강화 프로그램 중 이성적 영역의 네 번째로 "판단력"을 자세히 살펴보고 계발해 보자.
　목회자에게 있어서 판단력은 목회와 직결된다. 특히 목회는 인간적 부분과 사무적 부분으로 나뉠 수 있는데, 인간적 부분은 생명과 직결되고 사무적 부분은 성장과 직결된다. 신속하게 만나야 할 사람을 제때에 만나지 못함으로 영혼을 멸망시킬 수도 있고, 적기에 게으름이나 분주함으로 나중에 처리하려다가 전도와 성장에 치명적인 실수를 가져올 수도 있다. 그러므로 목회자는 언제나 깨어 있어 예리한 판단력으로 자신뿐만이 아니라 교회 전체 영혼을 이끌어 가야 한다.
　그러나 목회자의 판단력은 세상의 판단력과 다른 점이 있다. 그것은 목회자의 판단력은 세상적이고 육적인 판단력이 아니다. 세상적인 내용이나 육신적인 내용을 판단하여 풍요롭게 만들고 성공하는 기업의 지도자의 판단력과 다른 것이다. 가시적인 현상은 보이지 않더라도 영적이며 내면의 세계와 영원한 세계를 판단하는 보다 깊은 영적 전쟁이다. 그러므로 항상 판단할 때 영적인 주도권을 놓치지 말아야 한다. 또 하나의 다른 점은 신적인 주도권을 인정해야 한다는 점이다. 무슨 뜻인가? 판단의 기준은 하나님의 뜻에 두어야 한다는 점이다. 목회자라 하더라도 자신의 뜻에 기준을 두면 그 판단은 하나님이 원하시는 목회적 판단이 될 수 없기 때문이다. 목회자는 무엇을 판단하든지 예수님처럼 항상 "나의 원대로 마옵시고 아버지의 뜻대로 되기를 원하나이다"라는 자세를 가져야 하는 것이다.

  목회자의 판단력이 미치는 범위는 매우 넓다. 가장 기본이 되는 부분으로 어떤 설교를 해야 할까, 어떤 기도를 해야 할까, 어떤 전도를 해야 할까, 어떤 교육을 해야 할까, 어떤 선교를 해야 할까 등 이를 위해 현실과 본문을 선택하기 위한 판단력이 필요한 것이다. 일반적으로 내가 하고 싶은 설교, 내가 하고 싶은 기도, 내가 하고 싶은 전도, 내가 하고 싶은 교육, 내가 하고 싶은 선교는 진행된다 하더라도, 또 성공되어 간다 하더라도 주님의 뜻에는 어긋날 수 있기 때문이다. 바로 이것이 세상 판단력과 다른 점인 것이다. 뿐만이 아니라 시험에 들은 사람, 병상에 있는 사람, 시기와 다툼 속에 빠진 사람, 핍박을 받고 있는 사람, 가정불화 속에 빠진 사람, 군복무에 있는 사람 등은 언제 심방해야 하는지도 중요한 판단이다. 행정적이고 사무적인 판단 또한 결코 간단하지 않다. 금전 지출의 판단, 지역사회에 참여하는 시기의 판단, 각종 교회 행사의 목표와 시기에 대한 판단 등은 교회 이미지에 결정적인 영향을 미칠 수 있기 때문에 섬세한 분석과 판단이 필요한 것이다.

이런 목회자의 광범위한 판단을 위해 판단력 강화 훈련은 어떻게 해야 할까?

목회자의 판단력은 우선 깊은 기도생활과 묵상생활에서 훈련되어지는 것이다. 왜냐하면 영적이며 신적이기 때문이다. 그 후에 경건한 사람과 멘토 등을 만나 조언을 듣고 의논함으로써 더 성숙한 판단을 할 수 있는 것이다. "믿습니다"식으로 판단 없이 밀어붙이는 것은 이 시대에 온전한 리더십이 아니다. 모든 것을 판단하고 철저히 준비하여 주님께 맡기고 믿는 것이 올바른 목회자의 모습이 아닐까? 그러므로 급변하는 이 시대의 목회자의 리더십은 판단력에 달려 있다고 할 수 있다.

감성영역 2 : 용기

 목회자의 자기강화 프로그램 중 감성적 영역의 두 번째로 "용기"를 살펴보고 계발해 보자.
 용기(courage)란 담력, 배짱, 씩씩한 의지, 사물이나 사건을 겁내지 않는 기개 등으로 정의할 수 있다. 용기는 한 사람에게 있어서 다른 모든 것을 보증하는 자질이 된다. 용기가 없는 지식, 용기가 없는 구제, 용기가 없는 사역, 용기가 없는 교제, 용기가 없는 사랑, 용기가 없는 도전, 용기가 없는 비전 등 모든 영역에 용기가 없다면 그 시작도 과정도 결과도 아름답지 못하거나 의미를 찾기가 어려울 것이다.
 용기의 가장 비슷한 말은 최선이요, 위험을 기꺼이 감수하려는 것이다. 적당히 하는 것을 용기라고 말할 수 없고 안전한 것만을 하려함도 용기라 말할 수 없다. 진정한 용기는 두려워하는 것을 실천하는 것이다. 따라서 두려움이 없다면 용기란 필요 없는 것이다. 용기는 두려움을 전제로 한다.

용기를 구성하는 것은 신념과 정신력과 의지와 자신감이다. 불안과 불신 가운데 용기는 발휘될 수 없다. 의심하며 확신을 갖고 있지 않은 일에 뛰어드는 것은 객기일 뿐이다. 극히 무모하며 고집일 뿐이다. 또한 용기는 감정의 흥분상태이기 보다는 이성을 근거로 한 정신력으로써 감정을 동반하는 담대함이다. 환경이나 타인의 말과 분위기에 쉽게 흔들리지 않는 강한 의지가 용기요, 할 수 있다고 주님 안에서 자신을 믿는 자존감 있는 자신감이다.

이런 용기의 가장 큰 적은 소심, 회피, 비관, 공포, 두려움이다. 이런 것이 목회자나 성도에게 없을 수는 없다. 이런 것은 인간에게 주어진 자연스러운 내적인 현상들이다. 특수한 환경 속에서 생활해 온 모든 사람들은 나름대로 이런 용기의 적들을 내재하고 있다. 그러므로 자기강화가 필요한 것이다.

용기의 최대의 가치와 효과는 다음의 표현에서 잘 알 수 있는데 "용기 있는 한 사람은 소수가 아닌 다수다"란 말이다. 깊이 생각해 보자. 사사기에 등장하는 기드온의 용사 이야기에서 32,000명과 300명의 차이가 무엇인가? 300명의 신앙 안에서 용기는 전세를 바꿔놓지 않았던가! 그러므로 목회에 있어서도 용기 있는 목회자와 용기 있는 성도의 만남은 매우 소중하다.

용기의 범위는 광범위하다. 용기는 영역을 문제 삼지 않는다.

육체적, 정신적, 경제적, 환경적 어느 영역이든 문제가 되지 않는다(no problem). 대부분 용기는 마음속 전투로부터 시작된다. 용기는 친숙한 것을 떨어 버리고 미지의 대지를 향해 힘을 내는 것이다. 그러기에 용기는 결코 적당히 좋게 하는 것을 용납하지 않는다. 일을 바로잡는 것이다. 어떤 일이 편안할 때가 아니라 도전과 논란이 휩싸일 때에 바른 편에 서는 것이다.

또한 용기는 지각이나 직관이 아닌 원칙을 다루는 것이다. 용기는 따르는 자들에게 헌신을 유발시킨다. 용기는 전염된다. 전염된 용기는 인간의 삶을 용기에 비례하여 점점 키워간다. 그러므로 목회자는 자진하여 어려움을 극복해야 한다. 걸음을 크게 내디뎌야 한다. 용기를 훈련하라. 자주 지속적으로 눈물을 흘리며 대가를 지불하라. 반드시 승리할 것이다.

감성영역 2: 용기

1. '자기강화' 서클 다이어그램(Circle Diagram)

    1) 구원받은 자의 중심은?   하나님의 형상 회복, 성령 거하심.

    2) 자기의 두 면은?   감성영역, 지성영역

    3) 내면의 특징은?   연계성

    4) 외면의 특징은?   전문적 훈련

    5) 외부의 계속되는 현상은?   시험

    6) 내면의 선까지 무너지면 나타나는 현상은?   질병발생

    7) 감성의 두 번째 요소는?   용기

    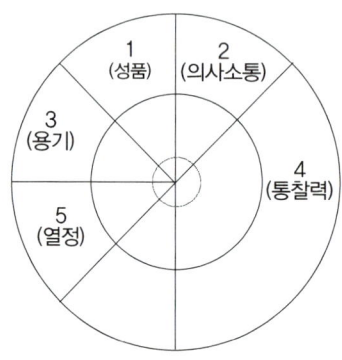

    8) 용기(courage)의 정의는?
    담력, 배짱, 씩씩한 의지. 사물을 겁내지 않는 기개. 용기는 다른 모든 것을 보증하는 자질이다.
    용기의 가장 비슷한 말은 최선, 위험을 기꺼이 감수하려는 것. 용기는 두려워하는 것을 하는 것.
    두려움이 없다면 용기란 필요 없는 것이다. 용기는 두려움을 전제로 한다.

    9) 용기의 구성요소는?   신념 + 정신력 + 의지 + 자신감

10) 용기의 가장 큰 적은?   소심, 회피, 비관, 공포, 두려움

11) 용기의 가치 및 효과는?   용기 있는 한 사람은 소수가 아닌 다수다.

12) 용기의 범위는?
    용기는 영역을 문제 삼지 않는다. 육체적, 정신적, 경제적, 환경적 어느 영역이든 no probrem.

13) 용기는 마음속 전투로부터 시작된다.
    용기는 친숙한 것을 떨어 버리고 미지의 대지를 향해 힘을 내는 것이다.

14) 용기는 일을 바로잡는 것이다. 결코 적당히 좋게 하는 것이 아니다.
    어떤 일이 편안할 때가 아니라, 도전과 논란이 휩싸일 때에 바른 편에 서는 것이다.

15) 용기는 지각이나 직관이 아닌 원칙을 다루는 것이다.
    용기는 따르는 자들에게 헌신을 유발시킨다. 용기는 전염된다.

16) 인간의 삶은 용기에 비례하여 커진다.

자진하여 어려움을 극복하라. 걸음을 크게 내디뎌라.

감성영역 3: 유머

이번에는 목회자의 지도력 계발을 위한 자기강화 감성영역 중 세 번째로 '유머'에 대해서 살펴보자.

목회자에게 있어서 가장 중요한 영역 중의 하나는 언어영역이다. 목회사역 중에서 가장 많은 시간과 열정을 투자하는 부분이 언어영역인 말씀, 즉 설교(kerygma)와 교육(didache)이기 때문이다. 항상 성경과 함께 생활하는 목회자는 어떻게 효과적으로 회중의 욕구를 충족시켜 주는 말씀을 전할까 고민에 고민을 더한다.

목회자는 설교를 어떻게 하고 교육을 어떻게 진행하느냐에 따라 권위가 달라진다. 한마디로 잘할 경우 영적인 권위가 수립되는 반면 잘하지 못할 경우 영적인 권위는 고사하고 인간적인 권위도 밑바닥으로 추락하고 만다. 권위는 강력한 지도력이 된다. 그러기에 목회자에게 있어서 말을 한다는 것은 곧 생존과 사역의 성패의 문제인 것이다. 그렇다면 어떻게 말씀을 잘 전할 수 있을까? 어떻게 성경교육을 잘 진행할 수 있을까?

설교를 잘하려면 최소한 세 가지를 충족시켜야 한다. 첫째는 내용이 바르고 탄탄해야 하며, 둘째는 회중이 받아들일 수 있도록 전달방법에 있어서 눈높이를 맞춘 언어와 표현을 선택하는 것이 중요하고, 셋째는 삶을 변화시킬 수 있는 적용이 구체적이고 섬세하며 적극적이어야 한다. 많은 경우 말씀을 듣고 난 성도들이 "오늘도 참 말씀이 좋았어."라고 하면서 도 실제적으로는 아무런 삶의 변화가 없는 것을 보게 되는데 이것은 설교가 전인격적인 도전을 주지 못했기 때문이다. 단지 귀에 달콤하게 들려와 감정을 흔들어 놓았을 뿐이다.

더 나아가 교육을 잘하려면 다음의 사항을 준수하는 것은 기본이다. 첫째는 가르침을 받는 자의 수준을 파악하는 것이고, 둘째는 점진적인 성장을 위해 단계적인 코스를 마련하는 것이며, 셋째는 교육된 내용을 실천해 보도록 장을 펼쳐 주어 습관이 되게 하는 것이다.

과거에도 그랬지만 최근에 와서는 더 두드러지게 강조되는 부분이 목회자의 상담이다. 상담도 역시 말의 문제이다. 어떻게 상담의 말을 하느냐에 따라 영혼을 살리기도 하고 죽이기도 한다. 결국 목회자에게 있어서 언어는 설교와 교육과 상담을 열매 맺게 하는 도구이다.

이 모든 과정에서 없어서는 안 될 것이 유머다. 유머는 내용의 옷을 입기도 하고 방법과 형식의 옷을 입기도 한다. 내용의 옷을 입으면 그 유머의 말을 들을 때 웃음이 터지고 기쁨을 느끼며 감정의 회복이 일어나다가 삶의 의욕을 되찾게 된다. 정말 놀라운 힘이다. 따라서 유머는 단지 웃기는 농담이나 음담패설이 아니다. 유머는 생명력이 있는 언어인 것이다. 동시에 유머는 단어와 단어 사이에서 윤활유 역할을 해 주어 말을 계속 이어주는 관심집중을 위한 매개체적 역할을 하기도 한다. 진리의 언어는 경우에 따라 다르긴 하겠지만 대체적으로 딱딱하기에 논리적으로 전개할 경우 매우 지루할 수 있다. 이 때 유머는 말과 말을 물 흐르듯이 잘 이어주며 흥미를 돋우어주고 오랜 시간 말을 듣게 하며 듣는 자로 하여금 핵심을 기억하게 하는 언어전달 방법이 되기도 한 것이다.

유머는 위대한 지도자들에게서 흔히 발견되는 필수적인 요소다. 위기상황에서 분위기를 반전시키고, 절망적인 상태를 가능성으로 전환하며, 적군을 아군으로 만들기까지 한다. 지도자인 목회자도 영혼을 살리기 위해 이 유머를 십분 활용해야 한다. 이를 위해 끝없는 훈련과 노력이 필요하다. 유머는 더러운 인격에서 나오지 않는다. 유머는 무식한 지성에서 나오지 않는다. 유머는 상한 감정에서 나오지 않는다. 유머는 단절된 인간관계 속에서 나오지 않는다. 유머는 불신 가운데서 나오지 않는다. 유머는 자신을 미워하는 가운데서 나오지 않는다. 그러기에 유머는 위대한 힘을 갖고 있는 것이고 유머를 말하는 목회자는 위대한 지도자인 것이다.

작은 교회 up 매뉴얼

발행일	2008년 9월 5일 초판 인쇄
	2008년 9월 8일 초판 발행
	2011년 9월 20일 개정판 발행
지은이	김 홍 양
발행처	선교횃불
등록일	1999년 9월 21일 제54호
등록주소	서울시 송파구 삼전동 103번지
총판	선교횃불
전 화	02)2203-2739
팩 스	02)2203-2738
E-mail	service@ccm2u.com
Homepage	www.ccm2u.com

ⓒ 김홍양

* 파본은 교환해 드립니다.

ISBN 978-89-5546-143-5 *03230

이 출판물은 저작권법에 의해 보호를 받는 저작물이므로
무단전재와 무단복제를 금합니다.